REPRESENTAÇÕES DO INTELECTUAL

EDWARD W. SAID

Representações do intelectual
As Conferências Reith de 1993

Tradução
Milton Hatoum

1ª reimpressão

Companhia Das Letras

Copyright © 1994 by The Estate of Edward
Todos os direitos reservados

Título original
Representations of the intellectual: The 1993 Reith Lectures

Capa
Ettore Bottini

Foto de capa
Layne Kennedy / Corbis / Stock Photos

Preparação
Cacilda Guerra

Revisão
Olga Cafalcchio
Isabel Jorge Cury

Dados Internacionais de Catalogação na Publicação (CIP)
(Câmara Brasileira do Livro, SP, Brasil)

Said, Edward W., 1935-2003
    Representações do intelectual : as Conferências Reith de 1993 / Edward W. Said ; tradução Milton Hatoum. — São Paulo : Companhia das Letras, 2005.

    Título original: Representations of the intellectual : The 1993 Reith Lectures.
    Bibliografia.
    ISBN 978-85-359-0612-6

    1. Intelectuais 2. Intelectuais na literatura I. Título . II. As Conferências Reith de 1993.

05-0518   CDD-305.552

Índice para catálogo sistemático:
1. Intelectuais : Sociologia   305.552

[2017]
Todos os direitos desta edição reservados à
EDITORA SCHWARCZ S.A.
Rua Bandeira Paulista, 702, cj. 32
04532-002 — São Paulo — SP
Telefone: (11) 3707-3500
www.companhiadasletras.com.br
www.blogdacompanhia.com.br
facebook.com/companhiadasletras
instagram.com/companhiadasletras
twitter.com/cialetras

Para Ben Sonnenberg

Sumário

Introdução 9

1. Representações do intelectual 19
2. Manter nações e tradições à distância 37
3. Exílio intelectual: expatriados e marginais 55
4. Profissionais e amadores. 71
5. Falar a verdade ao poder 89
6. Deuses que sempre falham 105

Notas 123

Introdução

Não há equivalente às Conferências Reith nos Estados Unidos, apesar de vários americanos — Robert Oppenheimer, John Kenneth Galbraith, John Searle — as terem proferido desde a inauguração da série de programas radiofônicos em 1948, por Bertrand Russell. Ouvi alguns desses programas — lembro-me particularmente das conferências de Toynbee, em 1950 — enquanto menino que crescia no mundo árabe, onde a BBC era uma parte muito importante da nossa vida. Ainda hoje, frases como "Londres informou esta manhã" são um refrão comum no Oriente Médio, e sempre usadas com a suposição de que "Londres" diz a verdade. Não sei se essa visão é apenas um vestígio do colonialismo, embora também seja verdade que na Inglaterra e no estrangeiro a BBC ocupa uma posição na vida pública que não é apreciada nem por agências governamentais, como a Voz da América, nem por redes americanas, incluindo a CNN. Uma razão é que programas como as Conferências Reith e os muitos debates e documentários são apresentados pela BBC não tanto como programas sancionados oficialmente, mas como ocasiões que oferecem aos ouvintes e espectadores um conjunto impressionante de material sério e, com freqüência, de excelente qualidade.

Por isso, senti-me muito honrado pela oportunidade de proferir as Conferências Reith de 1993, a convite de Anne Winder, da BBC. Devido a problemas de prazos e horários, acertamos uma data para fim de junho, em vez da data habitual, em janeiro. Mas quase a partir do momento em que as conferências foram anunciadas pela BBC, no final de 1992, houve um coro de críticas persistente, embora relativamente pequeno, em primeiro lugar pelo fato de terem me convidado. Fui acusado de ser um ativista na luta pelos direitos palestinos e, portanto, desqualificado para qualquer tribuna séria ou respeitável. Esse foi apenas o primeiro de uma série de argumentos totalmente antiintelectuais e anti-racionais, todos eles, ironicamente, apoiando a tese das minhas conferências sobre o papel público do intelectual como um outsider, um "amador" e um perturbador do status quo.

Essas críticas revelam, de fato, muita coisa sobre as atitudes britânicas para com o intelectual. É claro que tais críticas são imputadas ao público britânico por certos jornalistas, mas a freqüência com que são repetidas dá a essas noções alguma credibilidade social corrente. Ao comentar os temas anunciados das minhas conferências — "Representações do intelectual" —, um simpático jornalista afirmou que era o assunto menos inglês para se abordar. As expressões "torre de marfim" e "um olhar de sarcasmo" foram associadas à palavra "intelectual". Esse raciocínio deplorável foi sublinhado pelo falecido Raymond Williams em *Keywords*: "Até a metade do século XX eram dominantes em inglês os usos desfavoráveis dos termos *intelectuais, intelectualismo* e *intelligentsia*", diz ele, "e é claro que tais usos persistem".[1]

Uma das tarefas do intelectual reside no esforço em derrubar os estereótipos e as categorias redutoras que tanto limitam o pensamento humano e a comunicação. Antes de começar as conferências, não fazia idéia das limitações a que estava submetido. Foi dito com freqüência, por jornalistas e comentadores queixosos, que eu era um palestino, o que, como todos sabiam, era sinônimo de violência, fanatismo, assassinato de judeus. Nada do que escrevi foi citado: partiu-se do princípio de que era assunto de conhecimento comum. Além disso, fui descrito no tom pomposo e dramático do *The Sunday Telegraph* como antiocidental, e meus escritos, centrados "em culpar o Ocidente" por todos os males do mundo, principalmente do Terceiro Mundo.

O que parece ter passado completamente desapercebido foi tudo o que realmente escrevi numa série de livros, entre eles *Orientalismo* e *Cultura e imperialismo*. (Meu pecado imperdoável neste último é o argumento de que *Mansfield Park*, de Jane Austen — um romance que aprecio tanto quanto o resto de sua obra —, tinha também algo que ver com a escravidão e com as plantações de cana-de-açúcar pertencentes a britânicos em Antígua, ambos naturalmente citados por ela de uma maneira muito específica. Minha abordagem é que, do mesmo modo como Jane Austen fala de intrigas na Grã-Bretanha e nos domínios britânicos do ultramar, também devem fazê-lo seus leitores do século XX e os críticos que, durante tempo demais, centraram sua atenção na Grã-Bretanha, excluindo as possessões ultramarinas.) O que meus livros tentavam combater era a construção de ficções como "Oriente" e "Ocidente", isso sem falar de essências racialistas, tais como raças subjugadas, orientais, arianos, negros e outros. Longe de encorajar um sentimento de inocência original ressentida em países que tinham sofrido as devastações do colonialismo, afirmei repetidamente que tais abstrações míticas eram mentiras, assim como os vários discursos retóricos de culpabilização a que deram origem. As culturas estão entrelaçadas demais, seus conteúdos e histórias demasiadamente interdependentes e híbridos para que se faça uma separação cirúrgica em oposições vastas e sobretudo ideológicas como Oriente e Ocidente. Mesmo os críticos bem-intencionados das minhas conferências — comentadores que pareciam ter um verdadeiro conhecimento do que eu dizia — partiram do princípio de que minhas exigências sobre o papel do intelectual na sociedade continham uma mensagem autobiográfica velada. Perguntaram-me a respeito da posição de intelectuais de direita, como Wyndham Lewis ou William Buckley, e por que, na minha opinião, todo intelectual tem de ser um homem ou uma mulher de esquerda. O que não perceberam foi o fato de que Julien Benda, a quem (talvez paradoxalmente) me refiro com alguma freqüência, situava-se politicamente bem à direita. Com efeito, minha tentativa nessas conferências foi, antes de mais nada, falar de intelectuais precisamente como aquelas figuras cujo desempenho público não pode ser previsto nem forçado a enquadrar-se num slogan, numa linha partidária ortodoxa ou num dogma rígido. O que tentei sugerir é que os padrões de verdade sobre a miséria humana e a opressão deveriam ser mantidos, apesar da filiação partidária do intelectual enquanto indivíduo, das origens e de lealdades ancestrais. Nada distorce mais o desempenho público do intelectual do que os floreios retóricos, o silêncio cauteloso, a jactância patriótica e a apostasia retrospectiva e autodramática.

A tentativa de aderir a um padrão universal e único como tema desempenha um papel importante na minha abordagem do intelectual. Ou, antes, a interação entre a universalidade e o local, o subjetivo, o aqui e agora. O interessante livro de John Carey *The intellectuals and the masses: pride and prejudice among the literary intelligentsia 1880-1939*[2] [Os intelectuais e as massas: orgulho e preconceito entre a intelligentsia literária, 1880-1939] foi publicado nos Estados Unidos depois de eu ter escrito minhas conferências, mas descobri que o conjunto de suas conclusões desanimadoras complementava as minhas. Segundo Carey, intelectuais britânicos como Gissing, Wells e Wyndham Lewis execravam o crescimento das modernas sociedades de massa, deplorando coisas como "o homem comum", os subúrbios, o gosto da classe média; ao contrário, promoveram uma aristocracia natural, os "bons" velhos tempos e a cultura da classe alta. Para mim, o intelectual dirige-se a um público tão amplo quanto possível, que é sua platéia natural, em vez de desancá-lo. O problema para o intelectual não é tanto, como Carey discute, a sociedade de massa como um todo, mas antes os que estão por dentro do sistema, especialistas, grupos de interesses, profissionais que, nos moldes definidos no início do século XX pelo erudito Walter Lippmann, moldam a opinião pública, tornando-a conformista e encorajando a confiança num grupinho superior de homens que sabem tudo e estão no poder. Pessoas bem relacionadas promovem interesses particulares, mas são os intelectuais que deveriam questionar o nacionalismo patriótico, o pensamento corporativo e um sentido de privilégio de classe, raça ou sexo.

A universalidade significa correr um risco no sentido de ir além das certezas fáceis que nos são dadas pela nossa formação, língua e nacionalidade, que tão freqüentemente nos escudam da realidade dos outros. Também significa procurar e tentar manter um padrão único para o comportamento humano quando são abordados certos assuntos, como política externa e política social. Assim, se condenamos um ato de agressão injustificada de um inimigo, deveríamos também ser capazes de fazer o mesmo quando nosso governo invade um rival mais fraco. Não há regras por meio das quais intelectuais possam saber o que dizer ou fazer; nem para o verdadeiro intelectual secular há deuses a serem venerados e a quem pedir orientação firme.

Em tais circunstâncias o terreno social é não apenas diverso, mas muito difícil de negociar. Assim, Ernest Gellner, num ensaio intitulado "La trahison de la trahison des clercs", que reprova o platonismo acrítico de Julien Benda, acaba por nos deixar exatamente em nenhum lugar, sendo menos claro do que Benda, menos corajoso do que o Sartre que ele critica, e inclusive menos útil do que alguns que clamavam seguir um dogma simplório: "O que *estou* dizendo é que a tarefa de *não* se comprometer [*la trahison des clercs*] é muito, muito mais difícil do que aquilo em que seríamos levados a crer a partir de um modelo terrivelmente simplificado da situação de trabalho do intelectual".[3] A prudência vazia de Gellner, muito parecida com o ataque infame e desesperadamente cínico de Paul Johnson a todos os intelectuais ("uma dúzia de indivíduos apanhados ao acaso na rua oferecem, no mínimo, opiniões tão sensatas sobre assuntos morais e políticos como uma amostra da intelligentsia"[4]), nos leva a concluir que não pode haver tal coisa como uma vocação intelectual, uma ausência a ser comemorada.

Discordo, não só porque pode ser feita uma descrição coerente dessa vocação, mas também porque o mundo está mais abarrotado do que nunca de profissionais, especialistas, consultores; numa palavra, povoado de *intelectuais* cujo papel principal é conferir autoridade com seu trabalho enquanto recebem grandes lucros. Há um conjunto de escolhas concretas com que o intelectual se depara, e são essas escolhas que caracterizo em minhas conferências. Em primeiro lugar, é claro, está a noção de que todos os intelectuais representam alguma coisa para seus respectivos públicos e, dessa forma, se auto-representam diante de si próprios. Seja um acadêmico, seja um ensaísta boêmio ou um consultor do Departamento de Defesa, o intelectual faz o que faz de acordo com uma idéia ou representação que tem de si mesmo fazendo essa coisa: pensa em si próprio como fornecedor de conselhos "objetivos" em troca de pagamento, ou acredita que o que ensina aos alunos tem um valor de verdade, ou se vê como uma personalidade advogando uma perspectiva excêntrica, mas consistente? Todos nós vivemos numa sociedade e somos membros de uma nacionalidade com sua própria língua, tradição e situação histórica. Até que ponto os intelectuais são servos dessa realidade, até que ponto são seus inimigos? A mesma coisa acontece com a relação dos intelectuais com as instituições (academia, Igreja, entidade profissional) e com os poderes de um modo geral, os quais, na nossa época, cooptaram a intelectualidade em grau extraordinariamente alto. Como assinala o poeta Wilfred Owen, o resultado é que "os escribas impõem suas vozes ao povo/ E apregoam obediência ao Estado". Por isso, a meu ver, o principal dever do intelectual é a busca de uma relativa independência em face de tais pressões. Daí minhas caracterizações do intelectual como um exilado e marginal, como amador e autor de uma linguagem que tenta falar a verdade ao poder.

Uma das virtudes, assim como uma das dificuldades, de proferir as Conferências Reith é o fato de estarmos limitados pelo rigor inflexível do formato de um programa de trinta minutos: uma conferência por semana durante seis semanas. No entanto, o conferencista se dirige ao vivo a um público enorme, muito maior do que aquele a que normalmente intelectuais e acadêmicos se dirigem. Para abordar um assunto tão complexo e potencialmente interminável como o meu, essa situação representou para mim uma exigência especial no sentido de ser o mais preciso, acessível e econômico possível. Ao prepará-las para publicação, mantive-as praticamente como foram proferidas, acrescentando apenas uma referência ocasional ou um exemplo, para assim melhor preservar tanto o momento quanto a necessária concisão do original, sem deixar no texto qualquer brecha para ofuscar ou, de outra maneira, diluir ou suavizar os temas mais importantes.

Assim, enquanto tenho pouco a acrescentar que possa mudar

as idéias expostas aqui, gostaria que esta introdução fornecesse um pouco mais de contexto. Ao sublinhar o papel do intelectual como um outsider, tenho tido em mente quão impotentes nos sentimos tantas vezes diante de uma rede esmagadoramente poderosa de autoridades sociais — os meios de comunicação, os governos, as corporações etc. — que afastam as possibilidades de realizar qualquer mudança. Não pertencer deliberadamente a essas autoridades significa, em muitos sentidos, não ser capaz de efetuar mudanças diretas e, infelizmente, ser às vezes relegado ao papel de uma testemunha que confirma um horror que, de outra maneira, não seria registrado. Um relato recente e muito comovente de Peter Dailey sobre o talentoso ensaísta e romancista afro-americano James Baldwin mostra particularmente bem essa condição de "testemunha" em todo o seu páthos e eloqüência ambígua.[5]

Mas restam poucas dúvidas de que figuras como Baldwin e Malcolm X definem o tipo de trabalho que mais influenciou minhas representações da consciência do intelectual. O que me prende é mais um espírito de oposição do que de acomodação, porque o ideal romântico, o interesse e o desafio da vida intelectual devem ser encontrados na dissensão contra o status quo, num momento em que a luta em nome de grupos desfavorecidos e pouco representados parece pender tão injustamente para o lado contrário ao deles. Meus antecedentes na política palestina intensificaram ainda mais essa posição. Tanto no Ocidente como no mundo árabe, a lacuna que separa os poderosos dos despossuídos aprofunda-se a cada dia; e, entre os intelectuais que estão no poder, essa lacuna ressalta uma indiferença presunçosa que é realmente assustadora. Poucos anos depois de causar estardalhaço, o que poderia ser menos atrativo e menos verdadeiro do que a tese de Fukuyama sobre o "fim da História" ou o estudo de Lyotard sobre o "desaparecimento" das "grandes narrativas"? O mesmo se pode dizer dos pragmáticos e dos realistas de cabeça dura que tramaram ficções absurdas como a "nova ordem mundial" ou "o choque das civilizações".

Não quero ser mal compreendido. Não se exige dos intelectuais uma postura de queixosos mal-humorados. Nada poderia ser menos verdadeiro quando se pensa em dissidentes famosos e enérgicos como Noam Chomsky ou Gore Vidal. Testemunhar um estado lamentável de coisas quando não se está no poder não é, de jeito nenhum, uma atividade monótona e monocromática. Envolve o que Foucault certa vez chamou de "erudição implacável", rastrear fontes alternativas, exumar documentos enterrados, reviver histórias esquecidas (ou abandonadas). Envolve também um sentido do dramático e do insurgente, aproveitando ao máximo as raras oportunidades que se tem para falar, cativando a atenção do público, saindo-se melhor na troca de farpas, no humor e no debate do que os oponentes. E há algo fundamentalmente desconcertante nos intelectuais que não têm nem escritórios seguros, nem território para consolidar e defender; por isso, a auto-ironia é mais freqüente do que a pomposidade, a frontalidade melhor do que a hesitação e o gaguejo. Mas não há como evitar a realidade inescapável de que tais representações por intelectuais não vão trazer-lhes amigos em altos cargos nem lhes conceder honras oficiais. É uma condição solitária, sim, mas é sempre melhor do que uma tolerância gregária para com o estado das coisas.

Sou muito grato a Anne Winder, da BBC, e a sua assistente Sarah Ferguson. Como produtora responsável por essas conferências, Anne Winder me orientou com sutileza e sabedoria durante as gravações. Quaisquer falhas são, naturalmente, da minha inteira responsabilidade. Frances Coady editou o manuscrito com inteligência e tato. Sou muito grato a ela. Em Nova York, Shelley Wanger, da Pantheon, ajudou-me amavelmente ao longo do processo editorial. Agradeço-lhe muito. Pelo seu interesse nessas conferências e pela gentileza em publicar alguns trechos, agradeço também aos meus queridos amigos Richard Poirier, editor da *Raritan Review*, e Jean Stein, editora da *Grand Street*. A substância dessas páginas foi constantemente iluminada e revigorada pelo exemplo de muitos intelectuais de valor e grandes amigos; uma lista de seus nomes nesta introdução seria talvez embaraçosa para eles, podendo parecer desagradável. De todo modo, alguns desses nomes aparecem nas conferências. Saúdo-os e agradeço-lhes por sua solidariedade e seus ensinamentos. A dra. Zaineb Istrabadi ajudou-me em todas as fases da preparação dessas conferências: sou-lhe muito grato pela sua assistência eficaz.

E. W. S.
Nova York
Fevereiro, 1994

1. Representações do intelectual

Os intelectuais formam um grupo de pessoas muito grande ou extremamente pequeno e altamente selecionado? Sobre essa questão, duas das mais famosas descrições de intelectuais do século XX são fundamentalmente opostas. Antonio Gramsci, o marxista, militante, jornalista e brilhante filósofo político italiano, que foi preso por Mussolini entre 1926 e 1937, escreveu nos seus *Cadernos do cárcere* que "todos os homens são intelectuais, embora se possa dizer: mas nem todos os homens desempenham na sociedade a função de intelectuais".[1] A própria carreira de Gramsci exemplifica o papel que ele atribuiu ao intelectual. Filólogo capacitado, ele foi ao mesmo tempo um organizador do movimento da classe operária italiana e, em sua atividade jornalística, um dos analistas sociais mais conscientemente ponderados, cujo objetivo era construir não apenas um movimento social, mas também toda uma formação cultural associada a esse movimento.

Gramsci tenta mostrar que as pessoas que desempenham uma função intelectual na sociedade podem ser divididas em dois tipos: primeiro, os intelectuais tradicionais, como professores, clérigos e administradores, que, geração após geração, continuam a fazer a mesma coisa; e, segundo, os intelectuais orgânicos, que Gramsci considerava diretamente ligados a classes ou empresas, que os usavam para organizar interesses, conquistar mais poder, obter mais controle. Assim, Gramsci diz o seguinte sobre o intelectual orgânico: "o empresário capitalista cria junto de si o técnico industrial, o especialista em economia política, os organizadores de uma nova cultura, de um novo sistema legal etc.".[2] Nos dias de hoje, o especialista em publicidade ou relações públicas, que inventa técnicas para obter uma maior fatia de mercado para um detergente ou uma companhia de aviação, seria considerado, segundo Gramsci, um intelectual orgânico, alguém que numa sociedade democrática tenta ganhar a adesão de clientes potenciais, obter aprovação, nortear o consumidor ou o eleitorado. Gramsci acreditava que os intelectuais orgânicos estão ativamente envolvidos na sociedade; isto é, eles lutam constantemente para mudar mentalidades e expandir mercados; ao contrário dos professores e dos clérigos, que parecem permanecer mais ou menos no mesmo lugar, realizando o mesmo tipo de trabalho ano após ano, os intelectuais orgânicos estão sempre em movimento, tentando fazer negócios.

No outro extremo se encontra a célebre definição de intelectuais de Julien Benda: um grupo minúsculo de reis-filósofos superdotados e com grande sentido moral, que constituem a consciência da humanidade. Apesar de ser verdade que o tratado de Benda *La trahison des clercs* — a traição dos intelectuais — ficou para a posteridade mais como um duro ataque aos intelectuais que abandonam sua vocação e comprometem seus princípios do que como uma análise sistemática da vida intelectual, Benda cita, de fato, um pequeno número de nomes e de características principais dos que considerava serem verdadeiros intelectuais. Sócrates e Jesus são mencionados com freqüência, além de outros exemplos mais recentes, como Espinosa, Voltaire e Ernest Renan. Os verdadeiros intelectuais constituem uma clerezia, são criaturas de fato muito raras, uma vez que defendem padrões eternos de verdade e justiça que *não* são precisamente deste mundo. Daí o termo religioso que Benda lhes atribui — clérigos —, uma distinção na posição social e no desempenho que ele sempre contrapõe aos leigos, aquelas pessoas comuns interessadas em vantagens materiais, em promoção pessoal e, se possível, numa relação próxima com os poderes seculares. Os verdadeiros intelectuais, diz ele, são

> aqueles cuja atividade não é essencialmente a busca de objetivos práticos, ou seja, todos os que procuram sua satisfação no exercício de uma arte ou ciência ou da especulação metafísica, em suma, na posse de vantagens não materiais, daí de certo modo dizerem: 'Meu reino não é deste mundo'.[3]

No entanto, os exemplos de Benda deixam muito claro que ele não endossa a noção de pensadores totalmente descomprometidos, alheios a este mundo, fechados numa torre de marfim, voltados intensamente para si próprios e devotados a temas obscuros, e talvez mesmo ocultistas. Os verdadeiros intelectuais nunca são tão eles mesmos como quando, movidos pela paixão metafísica e princípios desinteressados de justiça e verdade, denunciam a corrupção, defendem os fracos, desafiam a autoridade imperfeita ou opressora. "É necessário lembrar", pergunta Benda,

> como Fenelon e Massillon denunciaram certas guerras de Luís XIV? Como Voltaire condenou a destruição do Palatinado? Como Renan denunciou as violências de Napoleão, e Buckle, as intolerâncias da Inglaterra em relação à Revolução Francesa? E, nos nossos tempos, Nietzsche em relação às brutalidades da Alemanha contra a França?[4]

De acordo com Benda, o problema dos intelectuais de hoje é

que eles concederam sua autoridade moral àquilo que, numa frase premonitória, ele chama "a organização de paixões coletivas", tais como o sectarismo, o sentimento das massas, o nacionalismo beligerante, os interesses de classe. Benda escreveu isso em 1927, bem antes da época dos meios de comunicação de massa, mas ele pressentiu quão importante era para os governos terem como seus servidores aqueles intelectuais que podiam ser convocados não para dirigir, mas para consolidar a política governamental, para expelir propaganda contra inimigos oficiais, eufemismos e, em escala mais ampla, sistemas inteiros da Nova Língua Orwelliana, capazes de dissimular a verdade do que estava acontecendo em nome de "conveniências" institucionais ou da "honra nacional".

A força da lamúria de Benda contra a traição dos intelectuais não se encontra na sutileza do seu argumento, nem no seu absolutismo quase impossível no que respeita a sua visão totalmente descomprometida da missão do intelectual. De acordo com a definição de Benda, os verdadeiros intelectuais devem correr o risco de ser queimados na fogueira, crucificados ou condenados ao ostracismo. São personagens simbólicos, marcados por sua distância obstinada em relação a problemas práticos. Por isso, não podem ser numerosos, nem desenvolver-se de modo rotineiro. Têm de ser indivíduos completos, dotados de personalidade poderosa e, sobretudo, têm de estar num estado de quase permanente oposição ao status quo. Por todas essas razões, os intelectuais de Benda formam inevitavelmente um grupo pequeno e altamente visível de homens — ele nunca inclui mulheres —, cujas vozes tonantes e imprecações indelicadas são vociferadas das alturas à humanidade. Benda nunca assinala como esses homens conhecem a verdade, ou se suas luminosas intuições dos princípios eternos não seriam, como as de Dom Quixote, pouco mais do que fantasias pessoais.

Mas pelo menos não resta dúvida de que a imagem do verdadeiro intelectual, concebida por Benda, permanece de modo geral atraente e insinuante. Muitos dos seus exemplos, positivos e negativos, são persuasivos: um deles é a defesa pública da família Calas feita por Voltaire; ou, no extremo oposto, o nacionalismo repugnante de escritores franceses como Maurice Barrès, a quem Benda atribui perpetuar um "romantismo de aspereza e desprezo" em nome da honra nacional francesa.[5] Benda foi espiritualmente moldado pelo caso Dreyfus e pela Primeira Guerra Mundial, ambos provas rigorosas para os intelectuais, que podiam optar por levantar a voz corajosamente contra um ato de injustiça militar anti-semita e de fervor nacionalista, ou ir timidamente atrás do rebanho, recusando-se a defender o oficial judeu Alfred Dreyfus, injustamente condenado, entoando palavras de ordem chauvinistas para atiçar a febre da guerra contra tudo o que fosse alemão. Depois da Segunda Guerra Mundial, Benda tornou a publicar seu livro, dessa vez acrescentando uma série de ataques contra intelectuais que colaboraram com os nazistas, bem como contra aqueles que, sem uma visão crítica, foram entusiastas dos comunistas.[6] Mas no fundo da retórica combativa da obra basicamente conservadora de Benda encontra-se essa figura do intelectual como um ser colocado à parte, alguém capaz de falar a verdade ao poder, um indivíduo ríspido, eloqüente, fantasticamente corajoso e revoltado, para quem nenhum poder do mundo é demasiado grande e imponente para ser criticado e questionado de forma incisiva.

A análise social que Gramsci faz do intelectual como uma pessoa que preenche um conjunto particular de funções na sociedade está muito mais próxima da realidade do que tudo o que Benda escreveu, sobretudo no fim do século XX, quando tantas profissões novas — locutores de rádio e apresentadores de programas de TV, profissionais acadêmicos, analistas de informática, advogados das áreas de esportes e de meios de comunicação, consultores de administração, especialistas em política, conselheiros do governo, autores de relatórios de mercado especializados e até mesmo a própria área do moderno jornalismo de massa — têm sustentado a visão do filósofo italiano.

Hoje, todos os que trabalham em qualquer área relacionada com a produção ou divulgação de conhecimento são intelectuais no sentido gramsciano. Na maior parte das sociedades industrializadas do Ocidente, a relação entre as chamadas indústrias do conhecimento e as que estão ligadas à produção mecânica e artesanal propriamente ditas tem crescido vertiginosamente a favor das indústrias do conhecimento. O sociólogo americano Alvin Gouldner disse há vários anos que os intelectuais eram uma nova classe, e que os administradores intelectuais tinham agora substituído, em grande escala, as velhas classes endinheiradas e abastadas. Entretanto, Gouldner também afirmou que, em virtude de sua posição ascendente, os intelectuais não eram mais pessoas que se dirigiam a um público vasto; em vez disso, tinham se tornado membros do que ele chamou uma cultura do discurso crítico.[7] Todos os intelectuais, o editor de um livro e o autor, o estrategista militar e o advogado internacional, falam e lidam com uma linguagem que se tornou especializada e utilizável por outros membros da mesma área: especialistas que se dirigem a outros experts numa língua franca em grande parte incompreensível por pessoas não especializadas.

De modo semelhante, o filósofo francês Michel Foucault disse que o chamado intelectual universal (é provável que ele tivesse Jean-Paul Sartre em mente) viu seu lugar tomado pelo intelectual "específico",[8] alguém que domina um assunto, mas que é capaz de usar seu conhecimento em qualquer área. Aqui, Foucault estava pensando concretamente no físico americano Robert Oppenheimer, que saiu de sua área específica quando atuou como organizador do projeto da bomba atômica de Los Alamos em 1942-5 e depois se tornou uma espécie de comissário de assuntos científicos nos Estados Unidos.

E a proliferação dos intelectuais se estendeu inclusive por um grande número de áreas em que eles — seguindo talvez as sugestões pioneiras de Gramsci nos *Cadernos do cárcere*, que, praticamente pela primeira vez, viu os intelectuais, e não as classes sociais, como essenciais para o funcionamento da sociedade moderna — se tornaram o objeto de estudo. Basta pôr as palavras "de" e "e" ao lado da palavra "intelectuais" para que, quase de imediato, apareça diante de nossos olhos uma biblioteca inteira de estudos sobre eles, bastante intimidante em sua amplitude e minuciosamente focada em seus detalhes. Além dos milhares de diferentes estudos históricos e sociológicos de intelectuais, há também intermináveis relatos sobre os intelectuais e o nacionalismo, e o poder, e a tradição, e a revolução, e por aí afora. Cada região do mundo produziu seus intelectuais, e cada uma dessas formações é debatida e argumentada com uma paixão ardente. Não houve nenhuma grande revolução na história moderna sem intelectuais; de modo inverso, não houve nenhum grande movimento contra-revolucionário sem intelectuais. Os intelectuais têm sido os pais e as mães dos movimentos e, é claro, filhos e filhas e até sobrinhos e sobrinhas.

Há o perigo de que a figura ou imagem do intelectual possa desaparecer num amontoado de detalhes, e que ele possa tornar-se apenas mais um profissional ou uma figura numa tendência social. O que vou discutir nestas conferências tem como certas essas realidades do final do século XX, originariamente sugeridas por Gramsci, mas quero também insistir no fato de o intelectual ser um indivíduo com um papel público na sociedade, que não pode ser reduzido simplesmente a um profissional sem rosto, um membro competente de uma classe, que só quer cuidar de suas coisas e de seus interesses. A questão central para mim, penso, é o fato de o intelectual ser um indivíduo dotado de uma vocação para representar, dar corpo e articular uma mensagem, um ponto de vista, uma atitude, filosofia ou opinião para (e também por) um público.

E esse papel encerra uma certa agudeza, pois não pode ser desempenhado sem a consciência de se ser alguém cuja função é levantar publicamente questões embaraçosas, confrontar ortodoxias e dogmas (mais do que produzi-los); isto é, alguém que não pode ser facilmente cooptado por governos ou corporações, e cuja *raison d'être* é representar todas as pessoas e todos os problemas que são sistematicamente esquecidos ou varridos para debaixo do tapete. Assim, o intelectual age com base em princípios universais: que todos os seres humanos têm direito de contar com padrões de comportamento decentes quanto à liberdade e à justiça da parte dos poderes ou nações do mundo, e que as violações deliberadas ou inadvertidas desses padrões têm de ser corajosamente denunciadas e combatidas.

Gostaria de expor isso em termos pessoais: como intelectual, apresento minhas preocupações a um público ou auditório, mas o que está em jogo não é apenas o modo como eu as articulo, mas também o que eu mesmo represento, como alguém que está tentando expressar a causa da liberdade e da justiça. Falo ou escrevo essas coisas porque, depois de muita reflexão, acredito nelas; e também quero persuadir outras pessoas a assimilar esse ponto de vista. Daí o fato de existir essa mistura muito complicada entre os mundos privado e público, minha própria história, meus valores, escritos e posições que provêm, por um lado, de minhas experiências e, por outro, a maneira como se inserem no mundo social em que as pessoas debatem e tomam posições sobre a guerra, a liberdade e a justiça. Não existe algo como o intelectual privado, pois, a partir do momento em que as palavras são escritas e publicadas, ingressamos no mundo público. Tampouco existe *somente* um intelectual público, alguém que atua apenas como uma figura de proa, porta-voz ou símbolo de uma causa, movimento ou posição. Há sempre a inflexão pessoal e a sensibilidade de cada indivíduo, que dão sentido ao que está sendo dito ou escrito. O que o intelectual menos deveria fazer é atuar para que seu público se sinta bem: o importante é causar embaraço, ser do contra e até mesmo desagradável.

No fim das contas, o que interessa é o intelectual enquanto figura representativa — alguém que visivelmente representa um certo ponto de vista, e alguém que articula representações a um público, apesar de todo tipo de barreiras. Meu argumento é que os intelectuais são indivíduos com vocação para a arte de representar, seja escrevendo, falando, ensinando ou aparecendo na televisão. E essa vocação é importante na medida em que é reconhecível publicamente e envolve, ao mesmo tempo, compromisso e risco, ousadia e vulnerabilidade. Quando leio Jean-Paul Sartre ou Bertrand Russell, são suas vozes e presenças específicas e individuais que me causam uma impressão para além e acima dos seus argumentos, porque eles expõem com clareza suas convicções. Não podem ser confundidos com um funcionário anônimo ou um burocrata solícito.

Na profusão de estudos sobre intelectuais tem havido demasiadas definições do intelectual, e pouca atenção tem-se dado à imagem, às características pessoais, à intervenção efetiva e ao desempenho, que, juntos, constituem a própria força vital de todo verdadeiro intelectual. Ao escrever sobre os escritores russos do século XIX, Isaiah Berlin disse que, em parte sob influência do Romantismo alemão, suas audiências "foram levadas a ter consciência de que ele estava num palco público, depondo".[9]

Algo desse atributo ainda se mantém fiel ao papel público do intelectual moderno, como eu o vejo. É por isso que, quando pensamos num intelectual como Sartre, nos lembramos dos seus maneirismos, do sentido de uma importante aposta pessoal, do esforço absoluto, do risco, do desejo de dizer coisas sobre o colonialismo, ou sobre o comprometimento, ou sobre o conflito social que enfurecia seus opositores e galvanizava seus amigos e, retrospectivamente, talvez causasse embaraço a ele mesmo. Quando lemos sobre o envolvimento de Sartre com Simone de Beauvoir, sobre a disputa com Camus, sobre sua notável aliança com Jean Genet, nós o situamos (a palavra é de Sartre) nas suas circunstâncias; nessas circunstâncias, e até certo ponto por causa delas, Sartre foi Sartre, a mesma pessoa que se opôs à presença da França na Argélia e no Vietnã. Longe de o incapacitar ou desqualificar enquanto intelectual, essas complicações dão textura e tensão ao que ele disse, expondo-o como ser humano falível, não como pregador monótono e moralista.

É na vida pública moderna — vista como um romance ou peça teatral e não como um negócio ou matéria-prima para uma monografia sociológica — que podemos ver e compreender mais prontamente por que os intelectuais são representativos não apenas de um movimento social subterrâneo ou de grande envergadura, mas também de um estilo de vida bastante peculiar, até irritante, e de um desempenho social que lhes é único. E não há lugar melhor para encontrar as primeiras descrições desse papel do que em certos romances incomuns do século XIX e começo do século XX — *Pais e filhos*, de Turguêniev, *A educação sentimental*, de Flaubert, *Retrato do artista quando jovem*, de Joyce —, em que a representação da realidade social é profundamente influenciada e até alterada, de maneira decisiva, pelo surgimento súbito de um novo protagonista: o jovem intelectual moderno.

O retrato que Turguêniev faz da Rússia provinciana da década de 1860 é idílico e tranqüilo: moços com posses herdam dos pais seus hábitos de vida, casam e têm filhos, e a vida continua mais ou menos assim. Isso se dá até o momento em que Bazárov, uma personagem anárquica mas profundamente concentrada, irrompe nas suas vidas. A primeira coisa que reparamos nele é que rompeu os laços com os próprios pais e parece menos um filho do que uma espécie de personagem autoconstruída, desafiando a rotina, atacando a mediocridade e os clichês, reivindicando novos valores científicos e não sentimentais que parecem ser racionais e progressistas. Turguêniev disse que se recusou a mergulhá-lo num xarope; ele foi concebido para ser "tosco, sem coração, impiedosamente seco e brusco". Bazárov ridiculariza a família Kirsánov; quando o pai, homem de meia-idade, toca Schubert, Bazárov dá gargalhadas na cara dele. Bazárov expõe as idéias da ciência materialista alemã: a natureza, para ele, não é um templo, e sim um laboratório. Quando se apaixona por Anna Serguêievna, esta é atraída por ele, mas também aterrorizada: para ela, a energia intelectual sem entraves e muitas vezes anárquica de Bazárov sugere o caos. Estar com ele, diz Anna a certa altura, é como titubear à beira de um abismo.

A beleza e o páthos do romance consistem no fato de Turguêniev sugerir e retratar a incompatibilidade entre a Rússia governada por famílias, as continuidades do amor e afeto filial, o modo antigo e natural de fazer as coisas e, ao mesmo tempo, a força niilisticamente destruidora de um Bazárov, cuja história, ao contrário das de todas as outras personagens do romance, parece ser impossível de narrar. Ele aparece, desafia e, de modo igualmente abrupto, morre, infectado por um camponês doente que havia tratado. O que lembramos de Bazárov é a força cabal e incessante do seu intelecto inquiridor e profundamente confrontador; e, apesar de ter afirmado que considerava ser essa a sua personagem mais compreensiva, o próprio Turguêniev foi iludido e, até certo ponto, refreado pela insensata força intelectual dela, bem como pelas reações dos leitores, bastante atordoantes e agitadas. Alguns leitores pensaram que Bazárov era um ataque à juventude; outros louvaram-no como um verdadeiro herói; e outros, ainda, consideraram-no perigoso. Qualquer que seja nosso sentimento em relação a ele, *Pais e filhos* não pode amoldar Bazárov a uma personagem da narrativa; enquanto seus amigos da família Kirsánov, e até os pais velhos e patéticos, seguem o curso de sua vida, o modo de ser do intelectual Bazárov, peremptório e desafiador, o exclui da história, tornando-o incompatível com ela e, de certa maneira, impróprio para ser domesticado.

Um caso ainda mais explícito é o do jovem Stephen Dedalus, de Joyce, cujo início de carreira é uma oscilação entre os agrados de instituições como a Igreja, a profissão de ensinar, o nacionalismo irlandês e o egoísmo teimoso, em lenta ascensão, do intelectual cujo lema é o *non serviam* luciferino. Seamus Deane faz uma excelente observação sobre o *Retrato do artista quando jovem*: é, diz ele, "o primeiro romance em língua inglesa em que a paixão de pensar é apresentada de forma plena".[10] Nem os protagonistas de Dickens, nem os de Thackeray, Austen, Hardy, nem mesmo os de George Eliot são homens e mulheres jovens cuja preocupação principal é a vida do intelecto na sociedade, enquanto para o jovem Dedalus "pensar é um modo de experimentar o mundo". Deane tem toda a razão ao dizer que, antes de Dedalus, a vocação intelectual tinha apenas "personificações grotescas" na ficção inglesa. No entanto, em parte porque Stephen é um jovem da província, produto de um ambiente colonial, ele tem de desenvolver uma consciência intelectual resistente antes de poder tornar-se um artista.

No fim do romance, ele não é menos crítico nem está menos afastado da família e dos fenianos do que de qualquer esquema ideológico cujo efeito seria restringir sua individualidade e sua personalidade, freqüentemente desagradável. Como Turguêniev, Joyce expressa com agudeza a incompatibilidade entre o jovem intelectual e o fluxo contínuo da vida humana. O que começa por ser uma história convencional de um jovem que cresce numa família e depois freqüenta a escola e a universidade decompõe-se numa série de anotações elípticas do caderno de Stephen. O intelectual não se acomodará à vida familiar nem à rotina enfadonha. Na fala mais famosa do romance, Stephen exprime o que é, de fato, o credo de liberdade do intelectual, apesar de o exagero melodramático da sua declaração ser o modo de Joyce cortar pela raiz a pomposidade do jovem protagonista:

> Vou lhe dizer o que farei e o que não farei. Não vou servir àquilo em que não acredito mais, seja meu lar, minha pátria ou minha religião; e tentarei exprimir-me num certo modo de vida ou de arte tão livre e tão plenamente quanto puder, usando em minha defesa as únicas armas que me permito usar: silêncio, exílio e sagacidade.

No entanto, mesmo em *Ulisses* Stephen não é mais do que um jovem obstinado e rebelde. O que é mais perturbador em seu credo é sua afirmação da liberdade intelectual. Essa é uma questão muito relevante no desempenho do intelectual, já que ser grosseirão e desmancha-prazeres não leva a lugar nenhum. O objetivo da atividade intelectual é promover a liberdade humana e o conhecimento. Penso que isso ainda hoje é verdade, apesar da acusação repetida com freqüência de que "as grandes narrativas de emancipação e esclarecimento" — como o filósofo francês contemporâneo Lyotard chama tais ambições heróicas associadas à idade "moderna" — já não têm aceitação na era do pós-modernismo. De acordo com essa visão, as grandes narrativas foram substituídas por situações locais e jogos da linguagem; agora os intelectuais pós-modernos enaltecem a competência, e não os valores universais como a verdade e a liberdade. Sempre achei que Lyotard e seus seguidores estão admitindo sua própria incapacidade preguiçosa, talvez até indiferença, em vez de fazer uma avaliação correta daquilo que continua a ser, para o intelectual, um enorme leque de oportunidades, apesar do pós-modernismo. Pois, de fato, os governos continuam a oprimir abertamente as pessoas, graves erros judiciários ainda acontecem, a cooptação e inclusão de intelectuais pelo poder continuam a calar sua voz, e o desvio dos intelectuais da sua vocação é ainda muitas vezes uma realidade.

Em *A educação sentimental*, Flaubert, mais do que ninguém, expressa seu desapontamento com os intelectuais, que ele critica de forma impiedosa. Situado durante as revoltas parisienses de 1848 a 1851, período descrito pelo famoso historiador britânico Lewis Namier como a revolução dos intelectuais, o romance é um panorama abrangente da vida boêmia e política na "capital do século XIX". No centro da narrativa estão dois jovens provincianos, Frédéric Moreau e Charles Deslauriers, cujas façanhas quando jovens boêmios expressam a raiva de Flaubert em relação à incapacidade de ambos de manter um rumo firme enquanto intelectuais. Muito do seu desprezo por eles provém do que talvez seja sua expectativa exagerada em relação ao que eles deviam ter sido. O resultado é a mais brilhante representação do intelectual à deriva. Os dois rapazes começam como potenciais estudiosos de leis, críticos, historiadores, ensaístas, filósofos e sociólogos, tendo como objetivo o bem-estar público. Moreau acaba tendo "suas ambições intelectuais [...] minguadas. Passaram-se os anos e ele suportava a indolência da mente e a inércia do coração". Deslauriers torna-se "diretor da colonização na Argélia, secretário de um paxá, gerente de um jornal e agente publicitário; [...] no momento, empregou-se como solicitador numa empresa industrial.

Os fracassos de 1848 são para Flaubert os fracassos de sua geração. Profeticamente, os destinos de Moreau e Deslauriers são retratados como o resultado de sua própria falta de força de vontade e também como o tributo cobrado pela sociedade moderna, com suas diversões infidáveis, seus turbilhões de prazeres e, sobretudo, a emergência do jornalismo, da publicidade, da celebridade instantânea e de uma esfera de circulação constante, em que todas as idéias são negociáveis, todos os valores transmutáveis, todas as profissões reduzidas à busca de dinheiro fácil e sucesso rápido. As cenas mais relevantes do romance são, portanto, organizadas simbolicamente em torno de corridas de cavalos, danças em bares e bordéis, motins, marchas, desfiles e manifestações públicas, em que Moreau tenta incessantemente realizar-se na vida amorosa e intelectual, mas é sempre desviado de tal propósito.

Bazárov, Dedalus e Moreau são sem dúvida casos extremos, mas servem ao objetivo — algo que só os romances realistas panorâmicos do século XIX podem fazer — de nos mostrar intelectuais em ação, envolvidos em numerosas dificuldades e tentações, mantendo ou traindo sua vocação, não como uma tarefa fixa a ser aprendida de uma vez por todas num manual do tipo "como fazer", mas como uma experiência concreta constantemente ameaçada pela própria vida moderna. As representações do intelectual, suas articulações por uma causa ou idéia diante da sociedade, não têm como intenção básica fortalecer o ego ou exaltar uma posição social. Tampouco têm como principal objetivo servir a burocracias poderosas e patrões generosos. As representações intelectuais são a *atividade em si*, dependentes de um estado de consciência que é cética, comprometida e incansavelmente devotada à investigação racional e ao juízo moral; e isso expõe o indivíduo e coloca-o em risco. Saber como usar bem a língua e saber quando intervir por meio dela são duas características essenciais da ação intelectual.

Mas o que representa o intelectual hoje? Penso que uma das melhores e mais honestas respostas a essa questão foi dada pelo sociólogo americano C. Wright Mills, um intelectual ferozmente independente, com uma visão social apaixonada e uma capacidade notável de expressar suas idéias numa prosa clara e envolvente. Em 1944, ele escreveu que os intelectuais independentes se confrontavam ou com uma espécie de sentimento melancólico de impotência em face de sua posição à margem da sociedade, ou com a opção de se juntar às fileiras de instituições, corporações ou governos, enquanto membros de um grupo relativamente pequeno de insiders que tomavam decisões importantes de forma isolada e irresponsável. Tornar-se o representante "contratado" de uma indústria de informação tampouco é uma saída, pois alcançar uma relação com a audiência como fez Tom Paine seria impossível. Em resumo, "a forma de comunicação efetiva", que é a moeda corrente do intelectual, está sendo então expropriada, deixando o pensador independente com uma tarefa de suma importância. De acordo com Mills:

> O artista e o intelectual independentes estão entre as poucas personalidades preparadas para resistir e lutar contra os estereótipos e a conseqüente morte das coisas genuinamente vivas. Agora, uma nova percepção envolve a capacidade de desmascarar continuamente e esmagar os estereótipos de visão e intelecto com os quais as comunicações modernas [i.e., os modernos sistemas de representação] nos assolam. Esses mundos de arte e pensamento massificados estão cada vez mais engessados pelas exigências da política. Por isso, é na política que a solidariedade e o esforço intelectuais devem centrar-se. Se o pensador não se associar ao valor da verdade na luta política, será incapaz de enfrentar com responsabilidade a totalidade da experiência viva.[11]

Esse trecho, repleto de indicações e realces importantes, merece ser lido e relido. A política está em toda parte; não pode haver escape para os reinos da arte e do pensamento puros nem, nessa mesma linha, para o reino da objetividade desinteressada ou da teoria transcendental. Os intelectuais *pertencem* ao seu tempo. São arrebanhados pelas políticas de representações para as sociedades massificadas, materializadas pela indústria de informação ou dos meios de comunicação, e capazes de lhes resistir apenas contestando as imagens, narrativas oficiais, justificações de poder que os meios de comunicação, cada vez mais poderosos, fazem circular — e não só os meios de comunicação, mas também correntes de pensamento que mantêm o status quo e transmitem uma perspectiva aceitável e autorizada sobre a atualidade —, oferecendo o que Mills chama de desmascaramentos ou versões alternativas, nas quais tentam dizer a verdade da melhor forma possível.

Isso está longe de ser uma tarefa fácil: o intelectual encontra-se sempre entre a solidão e o alinhamento. Durante a Guerra do Golfo contra o Iraque, foi muito difícil mostrar às pessoas que os Estados Unidos não eram uma potência inocente ou desinteressada (as invasões do Vietnã e do Panamá foram convenientemente esquecidas pelos estrategistas políticos), nem tinham sido designados por ninguém, a não ser por eles próprios, como a polícia do mundo. Mas, a meu ver, a tarefa do intelectual naquele momento era desenterrar o que estava esquecido, fazer ligações que eram negadas, mencionar caminhos alternativos de ação que poderiam ter evitado a guerra e o conseqüente objetivo de destruição humana.

A questão principal de C. Wright Mills é a oposição entre o grande público massificado e o indivíduo. Há uma discrepância inerente entre os poderes de grandes organizações (de governos a corporações) e a relativa fraqueza não só de indivíduos, mas de seres humanos considerados subalternos, minorias, pequenos povos e Estados, culturas e etnias menores ou subjugadas. Não tenho nenhuma dúvida de que o intelectual deve alinhar-se aos fracos e aos que não têm representação. Robin Hood, dirão alguns. No entanto, sua tarefa não é nada simples e, por isso, não pode ser facilmente rejeitada como se fosse idealismo romântico. No fundo, o intelectual, no sentido que dou à palavra, não é nem um pacificador nem um criador de consensos, mas alguém que empenha todo o seu ser no senso crítico, na recusa em aceitar fórmulas fáceis ou clichês prontos, ou confirmações afáveis, sempre tão conciliadoras sobre o que os poderosos ou convencionais têm a dizer e sobre o que fazem. Não apenas relutando de modo passivo, mas desejando ativamente dizer isso em público.

Nem sempre é uma questão de ser crítico da política governamental, mas, antes, de pensar a vocação intelectual como algo que mantém um estado de alerta constante, de disposição perpétua para não permitir que meias verdades ou idéias preconcebidas norteiem as pessoas. O fato de tal postura envolver um realismo firme, uma energia racional quase atlética e uma luta complicada para equilibrar os dilemas pessoais, em face dos apelos para publicar e discursar na esfera pública, é o que faz de tudo isso um esforço permanente, inacabado na sua essência e necessariamente imperfeito. No entanto, seu vigor e sua complexidade são, ao menos para mim, estimulantes, apesar de não tornarem o intelectual especialmente popular.

2. Manter nações e tradições à distância

O famoso livro de Julien Benda *A traição dos intelectuais* nos dá a impressão de que estes existem numa espécie de espaço universal, sem estarem ligados nem a fronteiras nacionais nem a uma identidade étnica. Em 1927, parecia claro a Benda que o interesse por intelectuais significava apenas um interesse por europeus (sendo Jesus o único não europeu de quem o autor fala de maneira aprovadora).

Desde então, as coisas mudaram muito. Em primeiro lugar, a Europa e o Ocidente já não são mais padrões indiscutíveis para o resto do mundo. O desmantelamento dos grandes impérios coloniais depois da Segunda Guerra Mundial diminuiu a capacidade da Europa de iluminar intelectual e politicamente o que se costumava denominar de regiões obscuras da Terra. Com o advento da Guerra Fria, a emergência do Terceiro Mundo e a emancipação universal sugerida, se não decretada, pela presença das Nações Unidas, as nações e tradições não européias pareciam agora dignas de uma atenção séria.

Em segundo lugar, a incrível aceleração tanto das formas de

viajar como dos meios de comunicação gerou uma nova consciência do que tem sido chamado de "diferença" e "alteridade". Em termos simples, isso significa que, se começarmos a falar sobre intelectuais, não podemos fazê-lo de maneira tão genérica como antes; por exemplo, os intelectuais franceses são vistos como tendo um estilo e um passado bem diferentes dos de seus congêneres chineses. Em outras palavras, falar sobre intelectuais hoje significa também falar especificamente de variantes nacionais, religiosas e mesmo continentais dessa questão, e cada uma delas parece exigir considerações separadas. Os intelectuais africanos ou árabes, por exemplo, fazem parte de um contexto histórico muito particular, com seus próprios problemas, desvios, limitações, triunfos e peculiaridades.

Até certo ponto, esse estreitamento de classificação e enfoque na maneira de considerar os intelectuais deve-se também à fantástica proliferação de estudos especializados que, justificadamente, foi dirigida ao papel crescente dos intelectuais na vida moderna. Nas mais respeitáveis bibliotecas universitárias ou de pesquisa do Ocidente podemos encontrar milhares de títulos sobre intelectuais em diferentes países, e o conhecimento profundo de cada um desses grupos demandaria muitos anos. Assim, existem por certo várias línguas diferentes para os intelectuais, algumas das quais, como o árabe e o chinês, ditam uma relação muito especial entre o discurso intelectual moderno e as tradições antigas, normalmente muito ricas. Nesse caso também, um historiador ocidental que tentasse seriamente compreender os intelectuais dessas diferentes tradições deveria passar anos aprendendo as respectivas línguas. Mesmo assim, apesar de toda essa diferença e alteridade, apesar da erosão inevitável do conceito universal sobre o intelectual, algumas noções gerais sobre ele como indivíduo — o que é aqui meu objetivo — parecem realmente ultrapassar uma aplicação estritamente local.

A primeira noção que quero discutir é a da nacionalidade e, com ela, o que foi desenvolvido no seu bojo: o nacionalismo. Nenhum intelectual moderno — e isso é verdade tanto para figuras de proa como Noam Chomsky e Bertrand Russell como para aqueles cujos nomes não são tão famosos — escreve em esperanto, quer dizer, numa língua concebida para pertencer ao mundo inteiro e não a determinado país ou tradição particular. Cada intelectual enquanto indivíduo nasce com uma língua e geralmente passa o resto da vida com essa língua, que é o veículo principal de sua atividade intelectual. As línguas são, naturalmente, sempre nacionais — o grego, o francês, o árabe, o inglês, o alemão etc. —, embora um dos aspectos relevantes que pretendo salientar aqui é que o intelectual é obrigado a usar uma língua nacional não apenas por razões óbvias de conveniência e familiaridade, mas também porque ele espera imprimir-lhe um som particular, uma entonação especial e, finalmente, uma perspectiva que é própria dele.

O problema particular do intelectual, entretanto, é que já existe uma comunidade lingüística em cada sociedade, dominada por hábitos de expressão; e uma das funções principais dessa comunidade é preservar o status quo e garantir que as formas de expressão evoluam de maneira suave, sem alterações ou desafios. George Orwell fala sobre isso de forma muito persuasiva no seu ensaio "Política e a língua inglesa". Clichês, metáforas gastas, textos preguiçosos, diz Orwell, são indícios da "decadência da língua". O resultado é que a mente é anestesiada e permanece inativa, enquanto a língua, que produz um efeito de música de fundo num supermercado, faz submergir a consciência, seduzindo-a para uma aceitação passiva de idéias e sentimentos inquestionáveis.

O tema desse ensaio de Orwell, escrito em 1946, é a usurpação progressiva da mente inglesa por demagogos políticos. "A linguagem política", diz ele, "— e, com variações, isso se verifica em todos os partidos políticos, dos conservadores aos anarquistas —

tem como objetivo fazer com que a mentira pareça verdade, e o crime, respeitável, para assim imprimir uma aparência de solidez ao vento puro[1]". No entanto, o problema é mais amplo e mais comum do que parece e pode ser ilustrado por meio de um olhar rápido para a maneira como a linguagem, hoje, tende a adotar formas mais gerais, mais coletivas e corporativas. Tomemos o jornalismo como exemplo. Nos Estados Unidos, quanto maiores forem o campo de ação e o poder de um jornal, mais autorizada será sua repercussão e mais estreitamente ele se identificará com um sentido de comunidade mais amplo do que um simples grupo de escritores profissionais e leitores. A diferença entre um tablóide e o *New York Times* é que o *Times* aspira a ser (e é geralmente considerado) o jornal nacional de maior aceitação, cujos editoriais refletem não só as opiniões de um pequeno grupo de homens e mulheres, mas também, supostamente, a verdade percebida de e para uma nação inteira. Em contrapartida, a função de um tablóide é atrair a atenção imediata por meio de artigos sensacionalistas e manchetes chamativas. Qualquer artigo do *New York Times* traz consigo uma autoridade sóbria, sugerindo uma vasta pesquisa, uma meditação cuidadosa, um juízo pensado. É claro que o uso editorial do "nós" se refere diretamente aos próprios diretores da redação, mas sugere ao mesmo tempo uma identidade nacional corporativa: "nós, o povo dos Estados Unidos". A discussão pública sobre a crise durante a Guerra do Golfo, sobretudo na televisão, mas também na imprensa escrita, assumiu a existência desse "nós" nacional, repetido por repórteres, militares e cidadãos em geral, em frases como "Quando *nós* vamos começar a guerra no solo?" ou "Será que *nós* sofremos baixas?".

O jornalismo apenas aclara e fixa o que está normalmente implícito na própria existência de uma língua nacional como a inglesa, isto é, uma comunidade nacional, uma identidade ou individualidade nacional. Em *Culture and anarchy* (1869), Matthew

Arnold chegou a afirmar que o Estado era a melhor individualidade de uma nação, e que uma cultura nacional era a expressão do que de melhor se havia dito ou pensado. Longe de serem evidentes por si mesmos, esses melhores traços de individualidade com seus melhores pensamentos são, segundo Arnold, o que se espera que os "homens de cultura" articulem e representem. Ele parecia referir-se ao que venho chamando de intelectuais: indivíduos cuja capacidade de pensamento e discernimento os torna adequados para representar o melhor pensamento — a própria cultura —, fazendo-o prevalecer. Arnold é bastante explícito ao dizer que tudo isso deve acontecer em benefício da sociedade em geral, e não de classes individuais ou pequenos grupos de pessoas. Aqui, de novo, como no caso do jornalismo moderno, o papel dos intelectuais deve ser o de ajudar uma comunidade nacional a sentir uma identidade comum, e em grau muito elevado.

O que subjaz ao argumento de Arnold é o receio de que, ao tornar-se mais democrática, com um maior número de pessoas exigindo o direito de votar e de fazer o que lhes agradava, a sociedade ficasse mais rebelde e difícil de governar. Daí a necessidade implícita de os intelectuais acalmarem as pessoas, de mostrarem a elas que as melhores idéias e os melhores trabalhos de literatura constituíam uma forma de pertencer a uma comunidade nacional, o que, por sua vez, impossibilitava o que Arnold chamava "fazer o que se quer". Isso foi durante a década de 1860.

Para Benda, nos anos 1920, os intelectuais corriam o perigo de seguir de muito perto as prescrições de Arnold. Ao mostrarem aos franceses a grandeza das ciências e da literatura do país, eles estavam também ensinando aos cidadãos que o fato de pertencerem a uma comunidade nacional já era um fim em si mesmo, especialmente se essa comunidade fosse uma grande nação como a França. Em vez disso, Benda sugeriu que os intelectuais deixassem de pensar em termos de paixões coletivas e se concentrassem antes em valores transcendentais, ou seja, nos valores universalmente aplicáveis a todos os povos e nações. Como disse há pouco, Benda partia do princípio de que esses valores eram europeus, e não indianos ou chineses. E o tipo de intelectuais que ele aprovava também eram europeus.

Parece ser impossível escapar às fronteiras e barreiras construídas à nossa volta por nações ou outras formas de comunidades (como a Europa, a África, o Ocidente ou a Ásia) que compartilham uma linguagem comum e todo um conjunto de características implícitas, preconceitos e hábitos rígidos de pensamento. Nada é mais comum no discurso público do que frases como "os ingleses" ou "os árabes" ou "os americanos" ou "os africanos", cada uma delas sugerindo não apenas toda uma cultura, mas também uma mentalidade específica.

Hoje em dia, é muito freqüente ouvir intelectuais acadêmicos norte-americanos ou britânicos falarem sobre o mundo islâmico; são abordagens feitas de forma redutora e, a meu ver, irresponsável, sobre algo denominado "o islã" — cerca de 1 bilhão de pessoas, dezenas de sociedades distintas, meia dúzia de línguas principais como o árabe, o turco e o iraniano, todas elas espalhadas por cerca de um terço do planeta. Ao usarem essa única palavra, parecem considerá-la um mero objeto sobre o qual se podem fazer grandes generalizações que abrangem um milênio e meio da história dos muçulmanos, e sobre o qual antecipam, descaradamente, julgamentos a respeito da compatibilidade entre o islã e a democracia, o islã e os direitos humanos, o islã e o progresso.[2]

Se essas discussões fossem simples reprimendas eruditas de alguns acadêmicos, em busca (tal como o sr. Casaubon de George Eliot) de uma chave para todas as mitologias, poderíamos descartá-las como divagações herméticas. Mas elas se inserem num contexto de pós-Guerra Fria, criado pelo domínio dos Estados Unidos sobre a aliança ocidental, do qual emergiu um consenso sobre a nova ameaça do islã ressurgente ou fundamentalista que substituiu o comunismo. Aqui, o pensamento corporativo *não* transformou os intelectuais nas mentes céticas e inquisidoras que venho descrevendo, indivíduos que representam não o consenso, mas dúvidas racionais, morais e políticas sobre essa questão, para não falar em aspectos metodológicos; trata-se antes de um coro que repete a visão política prevalecente, instigando-a a aderir a um pensamento mais corporativo e, gradativamente, a uma idéia cada vez mais irracional de que "nós" estamos sendo ameaçados por "eles". O resultado é a intolerância e o medo, em vez da busca do conhecimento e do sentido de comunidade.

Mas infelizmente é fácil demais repetir fórmulas coletivas, já que o mero fato de usarmos uma língua nacional (para a qual não há alternativa) tende a comprometer-nos com o que está mais à mão, escondendo-nos em frases feitas e metáforas populares sobre "nós" e "eles", que diversos setores, entre eles o jornalismo, os profissionais acadêmicos e os expedientes da inteligibilidade comum, continuam a usar. Tudo isso faz parte da preservação de uma identidade nacional. Pensar, por exemplo, que os russos estão chegando, ou que a invasão econômica japonesa é iminente, ou que o islã militante está em marcha, não significa apenas submeter-se a um alarme coletivo, mas também consolidar "nossa" identidade como sitiada e em risco. Nos dias atuais, uma questão de grande importância para o intelectual é saber como lidar com esse problema. Será que a nacionalidade deve comprometê-lo enquanto indivíduo — que para os meus objetivos é o centro das atenções — em face do sentimento popular, por razões de solidariedade, lealdade primordial ou patriotismo? Ou podemos fazer uma melhor defesa do intelectual como um dissidente do conjunto corporativo?

A resposta imediata é: nunca a solidariedade antes da crítica. O intelectual tem sempre a escolha de situar-se do lado dos mais fracos, dos menos bem representados, dos esquecidos ou ignorados, ou então do lado dos mais poderosos. Esta é uma boa ocasião para relembrar que as línguas nacionais não se encontram pura e simplesmente à nossa disposição, prontas para serem usadas, mas que devem ser apropriadas para o uso. Por exemplo, um colunista norte-americano, ao escrever durante a Guerra do Vietnã empregando as palavras "nós" e "nosso", apropriou-se desses pronomes e relacionou-os conscientemente com aquela invasão criminosa de uma distante nação do Sudeste Asiático, ou — uma alternativa muito mais difícil — com as vozes solitárias da dissidência, para quem a guerra americana era ao mesmo tempo insensata e injusta. Isso não significa oposição por oposição. Mas significa colocar questões, estabelecer distinções, recuperar a memória de todas aquelas coisas que tendem a ser desprezadas ou deixadas no limbo, na ânsia de um julgamento e uma ação coletivos. Quanto ao consenso de uma identidade de grupo ou nacional, o dever do intelectual é mostrar que o grupo não é uma entidade natural ou divina, e sim um objeto construído, fabricado, às vezes até mesmo inventado, com uma história de lutas e conquistas em seu passado, e que algumas vezes é importante representar. Nos Estados Unidos, Noam Chomsky e Gore Vidal vêm desempenhando esse papel sem poupar esforços.

Um dos melhores exemplos do que pretendo dizer encontra-se também no ensaio de Virginia Woolf *Um teto todo seu*, um texto fundamental para a intelectual feminista moderna. Convidada a dar uma conferência sobre mulheres e ficção, Woolf decide logo de início que, além de apresentar sua conclusão — uma mulher necessita de dinheiro e de um quarto só para ela, a fim de escrever ficção —, tem de fazer da proposta um argumento racional, e este, por sua vez, induz a um processo que a autora descreve da seguinte forma: "Pode-se apenas mostrar como se chegou a uma opinião que de fato se tenha". Expor seu argumento, escreve Woolf, é uma alternativa para dizer a verdade diretamente, já que, quando se fala do sexo, é provável que haja mais polêmica do que debate: "Pode-se apenas dar à platéia a oportunidade de tirar suas próprias conclusões, enquanto observa as limitações, os preconceitos e as idiossincrasias do orador". É uma tática que desarma, naturalmente, mas também envolve um risco pessoal. Essa combinação de vulnerabilidade e argumentação racional dá a Virgina Woolf uma perfeita abertura para entrar no seu tema, não com uma voz dogmática que institui a *ipsissima verba*, mas como uma intelectual representando o "sexo fraco" esquecido, numa linguagem perfeitamente ajustada ao trabalho. Assim, o efeito de *Um teto todo seu* é o de extrair da língua e do poder — a que Woolf chama de patriarcado — uma nova sensibilidade em relação à posição da mulher, ao mesmo tempo subordinada e por vezes esquecida, mas também escondida. Daí as esplêndidas páginas sobre uma Jane Austen que escondia seu manuscrito, ou a raiva recôndita que afetava Charlotte Brontë ou, mais impressionante ainda, sobre a relação entre o masculino, ou seja, valores dominantes, e o feminino, isto é, valores secundários e oclusos.

Quando Woolf descreve como esses valores masculinos já estão estabelecidos no momento em que uma mulher pega uma caneta para escrever, ela também está descrevendo a relação que surge quando um intelectual começa a escrever ou falar. Há sempre uma estrutura de poder e influência, uma história acumulada de idéias e valores já articulados; e há também algo da maior importância para o intelectual: um alicerce formado de idéias, valores e pessoas — como as mulheres escritoras estudadas por Woolf —, a quem não foi dado um lugar de trabalho, um quarto que lhes pertença. Para usar as palavras de Walter Benjamin, "quem saiu vitorioso participa até hoje da procissão triunfante em que os governantes atuais passam por cima dos que jazem prostrados". Essa visão muito dramática da História coincide com a de Gramsci, para quem a própria realidade social está dividida entre os que governam e os que são por eles governados. Penso que a escolha mais importante com que se depara o intelectual é aliar-se à estabilidade dos vencedores e governantes ou — o caminho mais difícil — considerar essa estabilidade um estado de emergência que ameaça os menos afortunados com o perigo da extinção completa e levar em conta a experiência da própria subordinação, bem como a memória de vozes e pessoas esquecidas. De acordo com Benjamin, "articular o passado historicamente não significa reconhecê-lo 'tal como era'... Significa apreender uma memória (ou uma presença) quando ela aparece num momento de perigo".[3]

Uma das definições canônicas do intelectual moderno é a do sociólogo Edward Shils:

> Em todas as sociedades [...] há pessoas dotadas de uma sensibilidade incomum em relação ao sagrado, pessoas de uma rara capacidade de reflexão sobre a natureza do seu universo e sobre as regras que governam sua sociedade. Há em todas as sociedades uma minoria de pessoas que, mais do que a média de seus concidadãos, questiona e deseja manter uma comunhão freqüente com símbolos que sejam mais abrangentes do que as situações concretas do dia-a-dia e remotas na sua referência, no tempo e no espaço. Nessa minoria há uma necessidade de exteriorizar a busca no discurso oral e escrito, na expressão poética ou plástica, nas reminiscências históricas ou registros escritos, nos rituais e atos de culto. Essa necessidade interior de penetrar além do quadro da experiência concreta e imediata marca a existência dos intelectuais em todas as sociedades.[4]

Essa é, em parte, uma confirmação de Julien Benda — de que os intelectuais são uma espécie de minoria eclesiástica — e, em parte, uma descrição sociológica geral. Shils acrescenta que os intelectuais se situam em dois extremos: ou são contra as normas vigentes ou, de um modo basicamente acomodado, existem para garantir "a ordem e a continuidade na vida pública". Na minha opinião, apenas a primeira dessas duas possibilidades descreve, de fato, o papel do intelectual moderno, ou seja, questionar as normas vigentes; e isso porque precisamente as normas dominantes estão, hoje, de maneira muito íntima, ligadas à nação, e esta é sempre triunfalista, está sempre numa posição de autoridade, sempre exigindo lealdade e subserviência em vez de investigação e reavaliação intelectuais, como escreveram Virginia Woolf e Walter Benjamin.

Além disso, em muitas culturas, hoje em dia, os intelectuais *questionam* sobretudo os símbolos gerais mencionados por Shils, mais do que se comunicam diretamente com eles. Houve, portanto, um desvio do consenso e aquiescência patrióticos para o ceticismo e a contestação. Para um intelectual americano como Kirkpatrick Sale, toda a narrativa do descobrimento sem falha e das oportunidades ilimitadas, que legitimaram a excepcionalidade da América no estabelecimento de uma nova república, celebrada em 1992, é absurdamente defeituosa, pois a pilhagem e o genocídio que destruíram o anterior estado de coisas foram um preço alto demais a pagar.[5] Tradições e valores antes considerados sagrados agora parecem ao mesmo tempo hipócritas e fundados numa base racial. E em muitas universidades nos Estados Unidos, o debate sobre o cânone — às vezes de uma estridência idiota ou presunção ilusória — revela uma atitude intelectual muito mais instável em relação aos símbolos nacionais, às tradições sagradas e a idéias nobres e inatacáveis. No que diz respeito a culturas como a islâmica ou a chinesa, com suas continuidades fabulosas e símbolos básicos extraordinariamente seguros, alguns intelectuais, como Ali Shariati, Adonis, Kamal Abu Deeb e os intelectuais do Movimento 4 de Maio, perturbam de forma provocativa a enorme calma e a inviolável altivez da tradição.[6]

Penso que isso também é verdadeiro em países como os Estados Unidos, Grã-Bretanha, França e Alemanha, onde recentemente a própria noção de identidade nacional tem sido contestada abertamente por suas insuficiências, não apenas por intelectuais, mas também por uma realidade demográfica premente. Para as atuais comunidades de imigrantes na Europa, provenientes dos antigos territórios coloniais, os conceitos de "França", "Grã-Bretanha" e "Alemanha", como foram concebidos no período de 1800 a 1950, simplesmente as excluem. Além disso, os movimentos feministas e de homossexuais, recentemente fortalecidos em todos esses países, também contestam as normas patriarcais e fundamentalmente masculinas que têm regulado a sociedade. Nos Estados Unidos, um número crescente de imigrantes recém-chegados, bem como uma população de nativos cada vez mais ruidosa e visível — os índios esquecidos, cujas terras foram expropriadas e cujo meio ambiente foi completamente destruído ou totalmente transformado pelo avanço da república —, juntou seu testemunho ao das mulheres, dos afro-americanos e das minorias discriminadas com base na orientação sexual, num desafio à tradição que, durante dois séculos, tem se inspirado nos puritanos da Nova Inglaterra e nos proprietários de escravos e de plantações do Sul. Como resposta a tudo isso, houve um ressurgimento de apelos à tradição, ao patriotismo e aos valores básicos, ou da família (palavras usadas pelo vice-presidente Dan Quayle), todos associados a um passado que já não é mais recuperável a não ser que se negue ou, de alguma forma, se rebaixe e desqualifique a experiência de vida dos que "querem um lugar no encontro com a vitória", de acordo com a frase famosa de Aimé Césaire.[7]

Mesmo num grande número de países do Terceiro Mundo, um antagonismo clamoroso entre os poderes estabelecidos do Estado nacional e suas populações desfavorecidas, mas sem representação política ou por ele reprimidas, dá ao intelectual uma oportunidade real de resistir ao avanço da marcha dos vitoriosos.

No mundo árabe-islâmico a situação é mais complicada ainda. Países como o Egito e a Tunísia, que desde sua independência vinham sendo governados por partidos nacionalistas seculares que agora degeneraram em camarilhas e facções, são de repente atacados por grupos islâmicos cuja autoridade, dizem estes com considerável justiça, lhes é concedida pelos oprimidos, pelas populações pobres das cidades, pelos camponeses sem-terra e por todos os que alimentam algum tipo de esperança apenas na restauração ou reconstrução de um passado islâmico. Muitas pessoas são propensas a lutar até a morte por essas idéias.

O islamismo é, afinal de contas, a religião da maioria; mas dizer simplesmente que "o islã é o caminho", anulando a dissensão e a diferença, para não falar das interpretações profundamente divergentes sobre o tema, não é, acredito, o papel do intelectual. Afinal, trata-se de uma religião e de uma cultura, ambas complexas e muito longe de serem monolíticas. Mas, na medida em que essa religião exprime a fé e a identidade da vasta maioria das pessoas, cabe ao intelectual muito mais do que juntar sua voz ao coro de louvores ao islã. Em primeiro lugar, ele deve introduzir nesse clamor uma interpretação do islã que acentue sua natureza complexa e heterodoxa — o islã dos governantes, pergunta o poeta e intelectual sírio Adonis, ou o dos poetas e seitas dissidentes? Em segundo lugar, questionar as autoridades islâmicas, a fim de que elas encarem os desafios das minorias não islâmicas, dos direitos da mulher, da própria modernidade, com atenção humanitária e reapreciações honestas e não com refrões dogmáticos ou pseudopopulistas. O ponto principal dessa questão para o intelectual no islã é o renascimento do *ijtihad* (a interpretação pessoal), e não a renúncia tola a *ulemás* (especialistas da religião) dotados de ambição política ou a demagogos carismáticos.

Entretanto, o intelectual é sempre envolvido e implacavelmente desafiado pela questão da lealdade. Todos nós, sem exceção, pertencemos a algum tipo de comunidade nacional, religiosa ou étnica; ninguém, por maior que seja o volume de protestos, está acima dos laços orgânicos que vinculam o indivíduo à família, à comunidade e, naturalmente, à nacionalidade. Para uma comunidade emergente e sitiada, como os bósnios ou os palestinos hoje em dia, sentir que seu povo está ameaçado de extinção política e, às vezes, verdadeiramente física, obriga o intelectual a defendê-lo, a fazer tudo o que for possível para protegê-lo ou lutar contra os inimigos da nação. Claro que isso é nacionalismo defensivo. Entretanto — como bem assinalou Frantz Fanon sobre a situação no auge da guerra de libertação da Argélia contra a França (1954-62) —, não basta que o intelectual participe do coro de vozes consensuais do anticolonialismo corporificado no partido e na liderança. Esse simples alinhamento não é suficiente. Há sempre a questão do objetivo, que, mesmo no auge da batalha, implica a análise das escolhas. Será que lutamos apenas para nos livrarmos do colonialismo (um objetivo necessário), ou estamos pensando no que vamos fazer quando o último policial branco for embora?

Segundo Fanon, o objetivo do intelectual de uma nação ou povo subjugado não pode ser simplesmente substituir o policial branco pelo seu correspondente nativo, mas, antes, o que ele denominou, citando Aimé Césaire, inventar novas almas. Em outras palavras, embora haja valor inestimável no que o intelectual faz para assegurar a sobrevivência da sua comunidade durante períodos de extrema emergência nacional, a lealdade à luta do grupo pela sobrevivência não pode envolvê-lo a ponto de anestesiar seu senso crítico ou de reduzir seus imperativos. Tais imperativos sempre extrapolam a sobrevivência, para então abordarem questões sobre a libertação política, a crítica à liderança, apresentando alternativas que, muitas vezes, são marginalizadas ou colocadas de lado, consideradas irrelevantes para a batalha principal do momento. Mesmo entre os oprimidos há também vencedores e perdedores, e a lealdade do intelectual não deve restringir-se apenas à adesão da marcha coletiva: grandes intelectuais como o indiano Tagore ou o cubano José Martí foram exemplares nesse aspecto, pois nunca abrandaram suas críticas *por causa* do nacionalismo, embora eles mesmos continuassem nacionalistas.

Em nenhum país do mundo, exceto no Japão moderno, a interação entre os imperativos de uma coletividade e o problema do alinhamento do intelectual foi tão tragicamente problemática e debatida. À Restauração do Império Meiji de 1868, que trouxe o imperador de volta, seguiu-se a abolição do feudalismo, dando início ao percurso deliberado da construção de uma nova ideologia heterogênea. Isso conduziu, de maneira desastrosa, ao militarismo fascista e à ruína nacional, que culminou com a derrota do Japão imperial em 1945. Como argumentou a historiadora Carol Gluck, a ideologia do imperador (*tennosei ideorogii*) foi uma criação de intelectuais durante o período Meiji; embora essa ideologia tivesse sido originalmente alimentada por uma atitude nacional defensiva, e mesmo de inferioridade, em 1915 ela já dera mostras de um forte nacionalismo, ao mesmo tempo capaz de um militarismo extremo, veneração ao imperador e uma forma de nativismo que subordinava o indivíduo ao Estado.[8] Além disso, também rebaixou outras etnias, a ponto de permitir, por exemplo, a chacina deliberada de chineses na década de 1930, em nome da *shido minzeku*, a idéia de que os japoneses formavam uma raça líder.

Um dos episódios mais vergonhosos da história moderna dos intelectuais ocorreu durante a Segunda Guerra Mundial, quando, segundo a descrição de John Dower, intelectuais americanos e japoneses participaram da batalha de insultos nacional e racial numa escala ofensiva e, em última instância, degradante.[9] Depois da guerra, como assinalou Masao Miyoshi, muitos intelectuais japoneses estavam convencidos de que a essência de sua nova missão era não apenas o desmantelamento da ideologia *tennosei* (ou corporativa), mas também a construção de uma subjetividade individualista liberal (*shutaisei*), a fim de competir com o Ocidente — infelizmente, porém, condenada à "vacuidade do consumismo extremo, em que o ato de comprar serve, por si próprio, à confirmação e à segurança do ser individual". No entanto, Miyoshi nos lembra que a atenção do intelectual do pós-guerra dedicada à subjetividade incluía também dar voz às questões de responsabilidade pela guerra, como nas obras do escritor Maruyama Masao, que falou, de fato, numa "comunidade intelectual de penitência".[10]

Em tempos difíceis, o intelectual é muitas vezes considerado pelos membros de sua nacionalidade alguém que representa, fala e testemunha em nome do sofrimento daquela nacionalidade. Para usar a descrição que Oscar Wilde faz de si mesmo, os intelectuais proeminentes mantêm sempre uma relação simbólica com seu tempo: representam, na consciência pública, realização profissional, fama e reputação, que podem ser mobilizadas em nome de uma luta em curso ou de uma comunidade em estado de guerra. Em contrapartida, eles são, com freqüência, obrigados a suportar o impacto do opróbrio da sua comunidade, seja quando facções dentro dela associam o intelectual ao lado errado — isso tem sido muito comum na Irlanda, por exemplo, mas também nos centros metropolitanos do Ocidente durante a Guerra Fria, quando grupos pró e anticomunistas trocavam golpes —, seja quando outros grupos se mobilizam para um ataque. Por certo o próprio Wilde sentiu na pele a culpa de todos os pensadores de vanguarda que tinham ousado desafiar as normas sociais da classe média. No nosso tempo, um homem como Elie Wiesel veio simbolizar o sofrimento dos 6 milhões de judeus exterminados no Holocausto nazista.

A essa tarefa extremamente importante de representar o sofrimento coletivo do seu próprio povo, de testemunhar suas lutas, de reafirmar sua perseverança e de reforçar sua memória, deve-se acrescentar uma outra coisa, que só um intelectual, a meu ver, tem a obrigação de cumprir. Afinal, muitos romancistas, pintores e poetas, como Manzoni, Picasso ou Neruda, encarnaram a experiência histórica do seu povo em obras de arte, que, por sua vez, foram reconhecidas como obras-primas. Nesse sentido, penso que a tarefa do intelectual é universalizar de forma explícita os conflitos e as crises, dar maior alcance humano à dor de um determinado povo ou nação, associar essa experiência ao sofrimento de outros.

É inadequado afirmar apenas que um povo foi espoliado, oprimido ou massacrado, e que lhe foram negados seus direitos e sua existência política, sem ao mesmo tempo fazer o que Fanon fez durante a guerra argelina, ou seja, relacionar esses horrores a aflições semelhantes de outros povos. Isso não significa de modo alguma perda de especificidade histórica; trata-se, ao contrário, de uma prevenção para evitar que uma lição sobre a opressão, aprendida num determinado lugar, seja esquecida ou violada numa outra época ou lugar. E só porque representamos os sofrimentos vividos pelo nosso povo — sofrimentos que nós mesmos poderíamos ter vivido —, não estamos livres do dever de revelar que nosso próprio povo pode estar agora cometendo crimes semelhantes contra *suas* vítimas.

Por exemplo, os bôeres da África do Sul viram-se eles mesmos vítimas do imperialismo britânico; mas, depois de sobreviverem à "agressão" britânica durante a Guerra dos Bôeres, enquanto comunidade representada por Daniel François Malan, sentiram-se no direito de reivindicar sua experiência histórica, estabelecendo, por meio das doutrinas do Partido Nacional, o que se tornou o apartheid.

Muitos intelectuais, levados por uma tentação fácil e de apelo popular, sucumbem a uma retórica de justificativas e hipocrisia que os torna cegos diante de um mal ou barbaridade perpretado em nome da sua própria comunidade étnica ou nacional. Isso é particularmente verdadeiro durante períodos de emergência e de crise; a adesão à bandeira de seu respectivo país durante as guerras das Malvinas ou do Vietnã, por exemplo, significava que o debate sobre as causas e o direito de uma guerra fosse interpretado como o equivalente a uma traição. No entanto, embora nada possa torná-lo mais impopular, o intelectual tem o dever de manifestar-se contra essa posição gregária — e que o custo pessoal dessa atitude vá para o diabo.

3. Exílio intelectual: expatriados e marginais

O exílio é um dos destinos mais tristes. Nos tempos pré-modernos, a deportação era um castigo particularmente terrível, uma vez que significava não apenas anos de vida errante e desnorteada longe da família e dos lugares conhecidos, como também ser uma espécie de pária permanente, alguém que nunca se sentia em casa, sempre em conflito com o ambiente que o cercava, inconsolável em relação ao passado, amargo perante o presente e o futuro.

Sempre houve uma associação entre a idéia do exílio e os terrores da lepra: a exclusão moral e social. Ao longo do século XX, o exílio se transformou de punição requintada e, às vezes, exclusiva de indivíduos especiais — como o grande poeta latino Ovídio, deportado de Roma para uma cidade remota no mar Negro — num castigo cruel de comunidades e povos inteiros, geralmente como resultado inadvertido de forças impessoais como a guerra, a fome e a doença.

Nessa categoria estão os armênios, um povo dotado mas freqüentemente deslocado, que vivia em grupos numerosos por todo o Mediterrâneo oriental (sobretudo na Anatólia). Mas, depois dos ataques genocidas perpretados pelos turcos, os armênios inundaram os arredores de Beirute, Alepo, Jerusalém e Cairo, e outra vez foram dispersados durante os levantes revolucionários do período que se seguiu à Segunda Guerra Mundial. Há muito tempo me interesso profundamente por essas grandes comunidades de expatriados ou exilados que povoaram a paisagem da minha juventude na Palestina e no Egito. Havia naturalmente muitos armênios, mas também judeus, italianos e gregos que, uma vez fixados no Levante, criaram naquela região raízes e laços fortes — essas comunidades, apesar de tudo, produziram escritores proeminentes, como Edmond Jabès, Giuseppe Ungaretti, Constantino Cavafy —, raízes que acabaram por ser brutalmente desfeitas depois da criação do Estado de Israel, em 1948, e após a guerra do Suez, em 1956. Para os novos governos nacionalistas no Egito, no Iraque e em outros lugares do mundo árabe, os estrangeiros que simbolizavam a nova agressão do imperialismo europeu do pós-guerra foram obrigados a ir embora e, para muitas comunidades antigas, tal destino foi particularmente nefasto. Algumas dessas comunidades adaptaram-se a novos lugares, onde passaram a morar, mas muitas foram, por assim dizer, re-exiladas.

Há uma idéia bastante difundida, mas totalmente equivocada, de que o exílio significa um corte total, um isolamento, uma separação desesperada do lugar de origem. Não seria nada mau se esse corte fosse feito com precisão cirúrgica, porque então o exilado teria ao menos o consolo de saber que tudo o que foi deixado para trás é, em certo sentido, impensável e completamente irrecuperável. Para a maioria dos exilados, a dificuldade não consiste só em ser forçado a viver longe de casa, mas sobretudo, e levando em conta o mundo de hoje, em ter de conviver o tempo todo com a lembrança de que ele realmente se encontra no exílio, de que sua casa não está de fato tão distante assim, e de que a circulação habitual do cotidiano da vida contemporânea o mantém num contato permanente, embora torturante e vazio, com o lugar de origem. Portanto, o exilado vive num estado intermediário, nem de todo integrado ao novo lugar, nem totalmente liberto do antigo, cercado de envolvimentos e distanciamentos pela metade; por um lado, ele é nostálgico e sentimental, por outro, um imitador competente ou um pária clandestino. A habilidade em sobreviver torna-se o principal imperativo, com o perigo de o exilado ficar acomodado e seguro em demasia, o que constitui uma ameaça contra a qual deve sempre se prevenir.

Salim, a personagem principal do romance *Uma curva no rio*, de V. S. Naipaul, é um exemplo comovente do moderno intelectual no exílio. Muçulmano da África oriental, de origem indiana, Salim deixa a costa e viaja para o interior do continente africano, onde sobrevive precariamenete num novo país, cujo modelo é o Zaire de Mobutu. A extraordinária intuição do romancista permite-lhe retratar a vida de Salim na "curva do rio" como uma espécie de terra de ninguém, para onde viajam conselheiros intelectuais europeus (que substituem os missionários idealistas dos tempos coloniais), bem como mercenários, especuladores e outros desocupados do Terceiro Mundo. Obrigado a viver nesse ambiente, Salim pouco a pouco perde sua propriedade e sua integridade na confusão crescente. Próximo ao fim do romance — e é aí que a visão ideológica de Naipaul é questionável —, até os nativos se tornam exilados no seu próprio país, tão absurdos e extravagantes são os caprichos do governante, o Grande Homem, que na visão de Naipaul seria o símbolo de todos os regimes pós-coloniais.

Os vastos reordenamentos territoriais no período posterior à Segunda Guerra Mundial provocaram movimentos demográficos de enormes proporções, como, por exemplo, os muçulmanos indianos que foram para o Paquistão após a partição de 1947, ou os palestinos dispersos em grande escala durante a criação do Estado de Israel para alojar os judeus provenientes da Europa e da Ásia; e essas transformações, por sua vez, geraram formas políticas híbridas. Na vida política de Israel tem havido não apenas uma política da diáspora judaica como também políticas do povo palestino no exílio, as quais se entrelaçam e competem entre si. Em países recém-fundados como o Paquistão e Israel, os novos imigrantes foram vistos como parte de uma troca de populações; mas, politicamente, eles eram também considerados minorias oprimidas no passado, que agora podiam viver nos seus novos Estados como membros da maioria. No entanto, longe de resolver questões sectárias, a partição e a ideologia separatista da nova ordem política desses dois países acabaram por reacender e, freqüentemente, inflamar tais questões. Aqui, minha preocupação dirige-se mais aos exilados com enormes dificuldades de integração, como os palestinos ou os novos imigrantes muçulmanos na Europa continental, ou os indianos ocidentais e os negros africanos na Inglaterra, cuja presença complica a suposta homogeneidade das novas sociedades em que vivem. O intelectual que se considera parte integrante de uma condição mais geral que afeta a comunidade nacional deslocada é provavelmente uma fonte não de aculturação e adaptação, mas antes de inconstância e instabilidade.

Isso não significa dizer que o exílio seja incapaz de gerar adaptações surpreendentes. Hoje, os Estados Unidos encontram-se na posição incomum de ter dois ex-funcionários de extrema importância em recentes administrações presidenciais — Henry Kissinger e Zbigniew Brzezinski —, que foram (ou ainda são, dependendo da visão do observador) intelectuais exilados: Kissinger, da Alemanha nazista, e Brzezinski, da Polônia comunista. Além disso, Kissinger é judeu, o que o coloca na situação extraordinariamente peculiar de ser também candidato à emigração para Israel, segundo a Lei do Retorno, em vigor nesse país. Mas, pelo menos aparentemente, tanto Kissinger como Brzezinski colocaram todos os seus talentos a serviço do país de adoção, com resultados de reconhecimento geral, de recompensas materiais e de influência nacional, para não dizer mundial; tamanha influência está a anos-luz da obscuridade marginal em que vivem os intelectuais exilados do Terceiro Mundo na Europa ou nos Estados Unidos. Depois de terem servido ao governo durante várias décadas, os dois proeminentes intelectuais são agora consultores de empresas e de outros governos.

Brzezinski e Kissinger talvez não sejam, no plano social, tão excepcionais como se poderia pensar; basta lembrarmos que o teatro europeu da Segunda Guerra Mundial era considerado por outros exilados, como Thomas Mann, uma batalha pelo destino ocidental, a alma ocidental. Nessa "guerra boa", os Estados Unidos desempenharam o papel de salvadores, dando também refúgio a toda uma geração de acadêmicos, artistas e cientistas que fugiram do fascismo ocidental para a metrópole do novo *imperium* do Ocidente. Em áreas acadêmicas como as humanidades e as ciências sociais, um grupo considerável de intelectuais altamente reconhecidos foi para os Estados Unidos. Alguns, como os grandes filólogos das línguas românicas e estudiosos de literatura comparada Leo Spitzer e Erich Auerbach, enriqueceram as universidades americanas com seus talentos e sua experiência no Velho Continente. Outros, entre os quais cientistas como Edward Teller e Werner von Braun, entraram na arena da Guerra Fria como novos americanos determinados a vencer a União Soviética nas corridas armamentista e espacial. Depois da guerra, essa preocupação era tão absorvente que, conforme foi revelado recentemente, intelectuais americanos bem colocados na área de ciências sociais conseguiram recrutar antigos nazistas conhecidos por suas credenciais anticomunistas para trabalhar nos Estados Unidos, como parte da grande cruzada.

Nas duas próximas conferências, vou abordar a técnica usada por certos intelectuais no sentido de não tomarem uma posição clara, mas, apesar de tudo, sobreviverem de modo confortável, juntamente com uma arte de oportunismo político um tanto quanto obscuro; além disso, pretendo abordar a maneira que encontram para se acomodarem a um poder dominante novo e emergente. Por enquanto, quero centrar meus argumentos no oposto do que acabo de mencionar; ou seja, o intelectual que, forçado a viver no exílio, não consegue se adaptar, ou melhor, teima em não se adaptar, preferindo colocar-se à margem das correntes dominantes, não acomodado, resistente, sem se deixar cooptar; antes, porém, preciso esclarecer alguns pontos preliminares.

O primeiro é que o exílio, enquanto condição *real*, é também para meus objetivos uma condição *metafórica*. Com isso quero dizer que meu diagnóstico do intelectual deriva da história social e política do deslocamento e da migração com a qual comecei esta conferência, mas não se limita a isso. Mesmo os intelectuais que são membros vitalícios de uma sociedade podem, por assim dizer, ser divididos em conformados e inconformados. De um lado, há os que pertencem plenamente à sociedade tal como ela é, que crescem nela sem um sentimento esmagador de discordância ou incongruência e que podem ser chamados de consonantes: os que sempre dizem "sim"; e, de outro, os dissonantes, indivíduos em conflito com sua sociedade e, em conseqüência, inconformados e exilados no que se refere aos privilégios, ao poder e às honrarias. O modelo do percurso do intelectual inconformado é mais bem exemplificado na condição do exilado, no fato de nunca encontrar-se plenamente adaptado, sentindo-se sempre fora do mundo familiar e da ladainha dos nativos, por assim dizer, predisposto a evitar e até mesmo a ver com maus olhos as armadilhas da acomodação e do bem-estar nacional. Para o intelectual, o exílio nesse sentido metafísico é o desassossego, o movimento, a condição de estar sempre irrequieto e causar inquietação nos outros. Não podemos voltar a uma condição anterior, e talvez mais estável, de nos sentirmos em casa; e, infelizmente, nunca podemos chegar por completo à nova casa, nos sentir em harmonia com ela ou com a nova situação.

Em segundo lugar — e de certa forma me surpreendo com esta observação, mesmo vinda de mim —, o intelectual na condição de exilado tende a sentir-se feliz com a idéia da infelicidade, a tal ponto que essa insatisfação, uma espécie de amargura ranzinza que beira a indigestão, pode tornar-se não só um estilo de pensamento como também uma nova morada, ainda que temporária. O intelectual como um Tersites colérico, talvez. Um grande protótipo histórico que me vem à mente é uma figura poderosa do século XVIII, Jonathan Swift, que nunca recuperou o prestígio e a influência perdidos após os tories saírem do poder em 1714, passando o resto da vida como exilado na Irlanda. Figura quase lendária de amargura e raiva — "*saeve indignatio*", disse ele de si mesmo no seu próprio epitáfio —, Swift se enfurecera com a Irlanda e, ainda assim, era seu defensor contra a tirania britânica, um homem cujas grandiosas obras irlandesas *Viagens de Gulliver* e *The drapier's letters* [As cartas do mercador] mostram um espírito que floresce, para não dizer que se beneficia, de tamanha angústia produtiva.

No começo de sua carreira, V. S. Naipaul, ensaísta e autor de livros de viagens, residente tanto na Inglaterra quanto em outros lugares e sempre se deslocando, revisitando suas raízes caribenhas e indianas, esquadrinhando os destroços do colonialismo e do pós-colonialismo, julgando sem remorso as ilusões e as crueldades dos Estados independentes e dos novos crentes, era até certo ponto uma figura do moderno intelectual exilado.

Mais rigoroso e determinado ainda que Naipaul é o exilado Theodor Wiesengrund Adorno. Era um homem de temperamento áspero mas extremamente fascinante e, a meu ver, a consciência intelectual dominante dos meados do século XX; ao longo de sua carreira, seguiu de perto e combateu os perigos do fascismo, do comunismo e do consumismo massificado do Ocidente. Ao contrário de Naipaul, que tem circulado pelos lugares onde já viveu no Terceiro Mundo, Adorno era completamente europeu, um homem formado por inteiro na mais elevada cultura européia, que incluía uma espantosa competência profissional nas áreas de filosofia, música (foi aluno e admirador de Berg e Schoenberg), sociologia, literatura, história e crítica cultural. Alemão de ascendência parcialmente judaica, deixou seu país em meados da década de 1930, pouco depois da tomada do poder pelos nazistas, e foi primeiro para Oxford, onde lecionou filosofia e escreveu um livro extremamente difícil sobre Husserl. Adorno parece ter sido muito infeliz no ambiente intelectual de Oxford, rodeado por uma linguagem vulgar e por filósofos positivistas, que contrastavam com seu pessimismo spengleriano e com a dialética metafísica à melhor maneira hegeliana. Voltou à Alemanha por pouco tempo, como membro do Instituto de Pesquisa Social da Universidade de Frankfurt, e, por medida de segurança, viajou, relutante, para os Estados Unidos, onde viveu num primeiro momento em Nova York (1938-41) e depois no sul da Califórnia.

Embora tenha retornado a Frankfurt em 1949 a fim de retomar seu antigo cargo de professor, o tempo que viveu na América marcou-o para sempre com os traços do exílio. Detestava jazz e tudo relacionado à cultura popular, não tinha nenhuma afeição à paisagem, parece ter se comportado deliberadamente como um mandarim no trato com os outros. Por isso, e também por ter sido formado numa tradição filosófica marxista-hegeliana, tudo o que fosse relacionado com a influência mundial norte-americana nos filmes, na indústria, nos hábitos cotidianos, na aprendizagem baseada em fatos e no pragmatismo deixava-o enfurecido. Naturalmente, sentia-se predisposto a tornar-se um exilado metafísico antes de ir para os Estados Unidos, pois já se revelava extremamente crítico ao que era considerado o gosto burguês na Europa; por exemplo, seus critérios sobre o que a música deveria ter sido foram estabelecidos pelas obras extraordinariamente difíceis de Schoenberg, obras que, Adorno asseverou de forma convicta, estavam honrosamente destinadas a ser impossíveis de escutar e a não ser interpretadas. Paradoxal, irônico, crítico impiedoso, Adorno foi o intelectual por excelência, odiando *todos* os sistemas, do nosso lado ou do deles, com igual aversão. Para ele, o que havia de mais falso na vida era o gregarismo — o todo é sempre o não verdadeiro, disse certa vez — e isso, prosseguiu, deu um valor muito maior à subjetividade, à consciência do indivíduo e ao que não podia ser arregimentado numa sociedade totalmente burocratizada.

Foi seu exílio americano que produziu sua grande obra-prima, *Minima moralia*, um conjunto de 153 fragmentos publicado em 1953 e cujo subtítulo é *Reflexões a partir da vida danificada*. Na forma episódica e mistificadoramente excêntrica desse livro, que não é nem uma autobiografia linear, nem um devaneio temático, nem uma exposição sistemática da visão de mundo do autor, nos vêm à mente mais uma vez as peculiaridades da vida de Bazárov, representada no romance de Turguêniev *Pais e filhos*, sobre a vida na Rússia na década de 1860. Protótipo do intelectual niilista moderno, Bazárov não faz parte de um contexto narrativo específico. Ele aparece brevemente, depois desaparece. Nós o vemos por pouco tempo com seus pais idosos, mas não há dúvida de que já rompeu deliberadamente com eles. Deduzimos a partir disso que, em virtude de viver segundo normas diferentes, o intelectual não tem uma história, mas apenas uma espécie de efeito desestabilizador; ele provoca abalos sísmicos, surpreende e choca as pessoas, mas nunca pode ser explicado pelo seu passado nem pelos seus amigos.

O próprio Turguêniev nada diz a esse respeito: ele deixa tudo acontecer diante dos nossos olhos, dando a entender que o intelectual não é apenas um ser afastado dos pais e dos filhos, mas que seu estilo de vida, seus modos de envolver-se com ela são necessariamente alusivos e só podem ser representados de forma realista como uma série de atuações descontínuas. A *Minima moralia* de Adorno parece seguir a mesma lógica, ainda que, depois de Auschwitz, Hiroshima, o advento da Guerra Fria e o triunfo da América, representar o intelectual seja de fato algo muito mais tortuoso do que fazer o que Turguêniev fez há cem anos por Bazárov.

Na obra de Adorno, a essência da representação do intelectual como um exilado permanente, que se desvia tanto do velho como do novo com a mesma destreza, é um estilo de escrita amaneirado e trabalhado ao extremo. Antes de mais nada é fragmentário, convulsivo, descontínuo; não há enredo ou ordem predeterminada a seguir. Representa a consciência do intelectual como sendo incapaz de repousar seja onde for, constantemente em alerta contra as seduções do sucesso que, para um Adorno de temperamento obstinado, significa tentar de forma consciente *não* ser fácil e imediatamente compreendido. Tampouco se pode viver confinado, numa total privacidade: o próprio Adorno, bem mais tarde na sua carreira, afirmou que a esperança do intelectual não reside no efeito que ele possa ter no mundo, e sim no fato de que um dia, em algum lugar, alguém vai ler o que ele escreveu, exatamente como escreveu.

Um fragmento, o de número 18 de *Minima moralia*, capta perfeitamente o significado do exílio. "A rigor, morar é algo que não é mais possível", diz Adorno.

> As moradias tradicionais em que crescemos adquiriram algo de insuportável: cada traço de comodidade nelas pagou-se com uma traição ao conhecimento, cada vestígio do sentimento de estar abrigado, com a deteriorada comunidade de interesses da família.

O modo de viver das pessoas que cresceram antes do nazismo também deixou de existir. O socialismo e o consumismo americano não são melhores: as pessoas, "quando não moram em *slums*, moram em *bungalows*, que de um dia para outro podem converter-se em cabanas, *trailers*, automóveis ou *camps*, abrigos ao ar livre". Assim, afirma Adorno, "a casa é coisa do passado", isto é, acabou. "A melhor conduta diante de tudo isso ainda parece ser uma atitude sem compromisso, como que em suspenso [...] *Pertence à moral não se sentir em casa em sua própria casa.*"

Entretanto, ao chegar a uma aparente conclusão, Adorno a inverte:

> Todavia, a tese desse paradoxo conduz à destruição, a um insensível desrespeito pelas coisas, que se volta necessariamente também contra os homens, e a antítese já é, no instante mesmo em que é expressa, uma ideologia para aqueles que, com má consciência, pretendem conservar o que é seu. Não há vida correta na falsa.[1]

Ou seja, não há escape possível, mesmo para o exilado que tenta permanecer em suspensão, uma vez que esse estado intermediário pode, ele próprio, tornar-se uma posição ideológica rígida, uma forma de moradia cuja falsidade é encoberta pelo tempo e à qual se pode acostumar-se com demasiada facilidade. No entanto, Adorno insiste: "Uma insistência desconfiada é sempre salutar", especialmente quando se refere à escrita do intelectual. "Para quem não tem mais pátria, é bem possível que o escrever se torne sua morada", mas ainda assim — e este é o toque final de Adorno — não pode haver abrandamento de rigor na auto-análise:

> A exigência de ser duro em relação à autocomiseração inclui a exigência técnica de contrapor uma extrema vigilância ao relaxamento da tensão intelectual e de eliminar tudo o que se sedimenta

como escória do trabalho [ou a escrita], tudo o que funciona de maneira improdutiva, tudo o que, numa etapa anterior, enquanto conversa fiada, talvez tenha provocado uma atmosfera calorosa, conveniente a seu desenvolvimento, mas que no presente não passa de um resíduo insípido e com odor de mofo. No fim das contas, nem sequer é permitido ao escritor habitar o ato de escrever.[2]

Essa passagem é tipicamente melancólica e resoluta. Nela, Adorno, o intelectual no exílio, carrega de sarcasmo a idéia de que o trabalho pode dar alguma satisfação, um modo de vida alternativo que pode ser uma breve pausa na angústia e marginalidade da supressão total de uma "morada". O que realmente Adorno não menciona são os prazeres do exílio, as soluções de vida diferentes e os ângulos de visão excêntricos que ele pode às vezes permitir ao intelectual, estimulando sua vocação, sem talvez aliviar toda e qualquer angústia ou sentimento de amarga solidão. Por isso, embora seja verdade afirmar que o exílio é a condição que caracteriza o intelectual como uma figura à margem dos confortos do privilégio, do poder, de estar-em-casa (por assim dizer), é também muito importante insistir no fato de que essa condição traz em seu bojo certas recompensas e até mesmo privilégios. Assim, embora você não seja nem um ganhador de prêmios, nem bem-vindo a todas essas sociedades honorárias autocongratulatórias que rotineiramente excluem desordeiros embaraçosos que desobedecem às regras do sistema ou poder, você *está* ao mesmo tempo colhendo algumas coisas positivas do exílio e da marginalidade.

Uma delas, naturalmente, é o prazer de ser surpreendido, de nunca considerar nada garantido, de aprender a fazer o melhor possível em circunstâncias de instabilidade que poderiam confundir ou atemorizar a maior parte das pessoas. Uma vida intelectual é fundamentalmente conhecimento e liberdade. No entanto, estes adquirem significado não como abstrações — como na afirmação um tanto quanto banal "Você deve ter uma boa educação para ter uma vida boa" —, mas como experiências realmente vividas. Um intelectual é como um náufrago que, de certo modo, aprende a viver *com* a terra, não *nela*; ou seja, não como Robinson Crusoé, cujo objetivo é colonizar sua pequena ilha, mas como Marco Polo, cujo sentido do maravilhoso nunca o abandona e que é um eterno viajante, um hóspede temporário, não um parasita, conquistador ou invasor.

O exilado vê as coisas tanto em termos do que deixou para trás como em termos do que de fato acontece aqui e agora; através dessa dupla perspectiva, ele nunca vê as coisas de maneira separada ou isolada. Cada cena ou situação no novo país aproxima-se necessariamente de sua contrapartida no país de origem. Do ponto de vista intelectual, isso significa que uma idéia ou experiência é sempre contraposta a outra, fazendo com que ambas apareçam sob uma luz às vezes nova e imprevisível: a partir dessa justaposição temos uma idéia melhor, e talvez mais universal, sobre como pensar, por exemplo, a respeito de uma questão de direitos humanos numa situação em comparação com outra. Parece-me que a maioria das discussões alarmistas e totalmente distorcidas sobre o fundamentalismo islâmico no Ocidente tem sido injuriosa do ponto de vista intelectual, precisamente porque não foi comparada com o fundamentalismo judeu ou cristão, ambos igualmente predominantes e repreensíveis, segundo minha própria experiência do Oriente Médio. O que, por um lado, é normalmente considerado uma simples questão de juízo contra um inimigo sancionado, por outro, na perspectiva dupla ou de exílio, impele um intelectual ocidental a ver um quadro muito mais amplo, agora com a exigência de tomar uma posição secularista (ou não) em *todas* as tendências teocráticas e não apenas contra as que foram designadas convencionalmente.

Uma segunda vantagem para o que, de fato, é o posto de observação do exilado para o intelectual é que se tende a ver as coisas não apenas como elas são, mas como se tornaram o que são. Isso significa observar as situações como contingentes e não como inevitáveis, encará-las enquanto resultado de uma série de escolhas históricas feitas por homens e mulheres, como fatos da sociedade construída por seres humanos e não como naturais ou ditadas por Deus e, por conseqüência, imutáveis, permanentes, irreversíveis.

O grande protótipo desse tipo de posicionamento intelectual foi dado pelo filósofo italiano do século XVIII Giambattista Vico, que há muito tempo é um dos meus heróis. A solidão desse desconhecido professor napolitano que mal conseguia sobreviver e confrontava a Igreja e suas influências diretas foi, em parte, responsável pela sua grande descoberta: constatar que o modo correto de compreender a realidade social é entendê-la como um processo gerado a partir do seu ponto de origem, o que se pode sempre situar em circunstâncias extremamente humildes. Isso, escreveu Vico na sua grande obra *A ciência nova*, significava ver as coisas como se elas tivessem evoluído a partir de origens claras, da mesma maneira que o ser humano adulto deriva da criança que apenas balbucia.

Vico argumenta ser esse o único ponto de vista que se pode ter sobre o mundo secular, que, insiste ele muitas vezes, é histórico, com suas próprias leis e processos, e não ordenado por uma divindade. Isso suscita respeito, mas não reverência, pela sociedade humana. Olhamos para o mais grandioso dos poderes em termos das suas origens e para onde ele pode estar dirigido; não nos deixamos atemorizar pela personalidade imponente, ou pela instituição magnífica que para um nativo, alguém que sempre viu (e portanto venerou) a pompa, mas não a necessária e humilde origem *humana* da qual ela derivou, compele muitas vezes ao silêncio e à subserviência chocante. O intelectual no exílio é necessariamente irônico, cético e até mesmo engraçado, mas não cínico.

Finalmente, tal como qualquer verdadeiro exilado pode confirmar, uma vez que deixamos nossa casa, onde quer que a gente vá parar, não podemos simplesmente retomar nossa vida e torna-nos apenas mais um cidadão do novo lugar. Caso optemos por isso, há um embaraço tão grande envolvido nesse esforço que raramente vale a pena. Podemos passar muito tempo lamentando o que perdemos, invejando as pessoas que, ao nosso redor, sempre estiveram em casa, próximas aos seus entes queridos, vivendo no lugar onde nasceram e cresceram sem nunca terem passado pela experiência não só da perda do que outrora lhes pertenceu, mas sobretudo da memória torturante de uma vida à qual não podem retornar. Por outro lado, como disse Rilke, podemos tornar-nos principiantes nas nossas circunstâncias, e isso nos permite um estilo de vida não convencional e, acima de tudo, uma carreira diferente e, com freqüência, bastante excêntrica.

Para o intelectual, o deslocamento do exílio significa ser libertado da carreira habitual, em que "fazer sucesso" e seguir a trilha das pessoas consagradas pelo tempo são os marcos principais. O exílio significa que vamos estar sempre à margem, e o que fazemos enquanto intelectuais tem de ser inventado porque não podemos seguir um caminho prescrito. Se pudermos tentar esse destino não como uma privação ou algo a ser lastimado, mas como uma forma de liberdade, um processo de descoberta no qual fazemos coisas de acordo com nosso próprio exemplo, à medida que vários interesses despertarem nossa atenção e segundo o objetivo particular que nós mesmos ditamos, então ele será um prazer único. É o que acontece, por exemplo, na odisséia de C. L. R. James, ensaísta e historiador de Trinidad e Tobago, que veio para a Inglaterra como jogador de críquete entre as duas guerras mundiais e cuja autobiografia intelectual, *Beyond a boundary* [Além de uma fronteira], é um relato de sua vida de jogador e do críquete no colonialismo. Outra obra dele, *Os jacobinos negros*,[3] é uma história comovente sobre a rebelião dos escravos negros haitianos no fim do século XVIII, liderada por Toussaint L'Ouverture. C. L. R. James foi também orador e organizador político nos Estados Unidos; escreveu um estudo sobre Herman Melville, *Mariners, renegades, and castaways* [Marinheiros, renegados e párias], além de vários trabalhos sobre pan-africanismo e dúzias de ensaios sobre cultura e literatura popular. Uma trajetória excêntrica e irrequieta, algo tão diferente do que hoje chamaríamos de sólida carreira profissional; no entanto, quanta exuberância e infindável autodescoberta contém.

A maioria de nós talvez não seja capaz de reproduzir o destino de exilados como Adorno ou C. L. R. James, mas seu significado para o intelectual contemporâneo é, ainda assim, muito pertinente. O exílio é um modelo para o intelectual que se sente tentado, ou mesmo assediado ou esmagado, pelas recompensas da acomodação, do conformismo, da adaptação. Mesmo que não seja realmente um imigrante ou expatriado, ainda assim é possível pensar como tal, imaginar e pesquisar apesar das barreiras, afastando-se sempre das autoridades centralizadoras em direção às margens, onde se podem ver coisas que normalmente estão perdidas em mentes que nunca viajaram para além do convencional e do confortável.

A condição de marginalidade, que pode parecer irresponsável e impertinente, nos liberta da obrigação de agir sempre com cautela, com medo de virar tudo de cabeça para baixo, preocupados em não inquietar os colegas, membros da mesma corporação. Naturalmente, ninguém está livre de ligações e sentimentos. Nem tenho em mente o suposto intelectual sem compromisso com nada, cuja competência técnica pode ser emprestada ou posta à venda a qualquer um. Entretanto, penso que, para ser tão marginal e indomado como alguém que se encontra de fato no exílio, o intelectual deve ser receptivo ao viajante e não ao potentado, ao provisório e arriscado e não ao habitual, à inovação e à experiência e não ao status quo autoritariamente estabelecido. O intelectual que encarna a condição de exilado não responde à lógica do convencional, e sim ao risco da ousadia, à representação da mudança, ao movimento sem interrupção.

4. Profissionais e amadores

Em 1979, o versátil e engenhoso intelectual francês Régis Debray publicou um relato penetrante sobre a vida cultural francesa intitulado *Professores, escritores, celebridades: os intelectuais da França moderna*.[1] O próprio Debray, ex-ativista de esquerda seriamente comprometido, tinha ensinado na Universidade de Havana pouco depois da Revolução Cubana de 1958. Alguns anos mais tarde, as autoridades bolivianas o condenaram a trinta anos de prisão por causa de sua ligação com Che Guevara, mas ele só cumpriu três. Depois de seu regresso à França, Debray tornou-se um analista político semi-acadêmico e, mais tarde ainda, um conselheiro do presidente Mitterrand. Estava, assim, numa posição privilegiada para entender a relação entre os intelectuais e as instituições, que nunca é estática, mas sempre se desdobra e algumas vezes surpreende na sua complexidade.

A tese de Debray no livro é a de que, entre 1880 e 1930, os intelectuais parisienses eram ligados principalmente à Sorbonne; refugiados seculares tanto da Igreja como do bonapartismo, ali estavam protegidos trabalhando como professores nos laboratórios, bibliotecas e salas de aula e podiam fazer avanços importantes no campo do conhecimento. Depois de 1930, a Sorbonne foi aos poucos perdendo sua autoridade para novas editoras como a da *Nouvelle Revue Française*, onde, de acordo com Debray, "a família espiritual" formada pela intelligentsia e seus editores conseguiu um teto mais hospitaleiro sobre a cabeça. Até aproximadamente 1960, escritores como Sartre, De Beauvoir, Camus, Mauriac, Gide e Malraux formavam a intelligentsia que tinha substituído o professorado, devido ao alcance ilimitado de seu trabalho, sua crença na liberdade e seu discurso "a meio caminho da solenidade eclesiástica que o antecedeu e o barulho da propaganda que veio depois".[2]

Por volta de 1968, muitos intelectuais abandonaram a proteção dos seus editores; afluíram para os meios de comunicação de massa, atuando como jornalistas, convidados e apresentadores de entrevistas na televisão, consultores, administradores etc. Agora tinham não apenas uma enorme audiência, como também o trabalho de toda uma vida como intelectuais dependia de seus espectadores, do aplauso ou do esquecimento dados por aqueles "outros", que haviam se tornado uma audiência consumidora sem rosto e em algum lugar lá fora.

> Ao ampliarem a área de recepção, os meios de comunicação de massa reduziram as fontes de legitimidade intelectual, cercando a intelligentsia profissional, clássica fonte dessa legitimidade, com círculos concêntricos mais largos, que são menos exigentes e, portanto, mais facilmente conquistados [...] Os meios de comunicação de massa romperam o lacre da intelectualidade tradicional, juntamente com suas normas de avaliação e sua escala de valores.[3]

O que Debray descreve é quase inteiramente uma situação francesa localizada, o resultado de uma luta entre forças seculares, imperiais e eclesiásticas naquela sociedade desde o tempo de Napoleão. É, portanto, muito improvável que o quadro que ele retrata da França seja encontrado em outros países. Na Grã-Bretanha, por exemplos, anteriores à Segunda Guerra Mundial, as grandes universidades dificilmente poderiam ser caracterizadas nos termos de Debray. Mesmo os professores de Oxford e Cambridge não eram conhecidos na esfera pública como intelectuais no sentido francês; e, apesar de as editoras britânicas terem sido poderosas e influentes entre as duas grandes guerras, elas e seus autores não constituíam a família espiritual descrita por Debray na França. No entanto, a questão geral é válida: grupos de indivíduos estão alinhados com instituições e ganham poder e autoridade a partir dessas instituições. Se as instituições prosperam ou decaem, assim também o fazem seus intelectuais orgânicos, para usar uma expressão útil de Antonio Gramsci quando se refere a eles.

E, no entanto, permanece a questão se há ou pode haver algo como um intelectual independente, atuando de forma autônoma, que não seja devedor e, por conseguinte, não se sinta constrangido por suas afiliações com universidades que pagam salários, partidos que exigem lealdade a uma linha política, *think tanks* que, ao mesmo tempo que oferecem liberdade para fazer pesquisa, talvez comprometam mais sutilmente o discernimento e restrinjam a voz crítica. Como Debray sugere, quando o círculo de um intelectual se alarga para além do seu grupo intelectual propriamente dito — em outras palavras, quando a preocupação de agradar a uma audiência ou a um empregador substitui a dependência em relação a outros intelectuais para debate e julgamento —, alguma coisa na sua vocação fica, se não anulada, certamente inibida.

Voltemos uma vez mais para meu tema principal, a representação do intelectual. Quando pensamos num intelectual enquanto indivíduo — e o indivíduo é minha preocupação aqui —, nós acentuamos a individualidade da pessoa desenhando seu retrato, ou antes focamos o grupo ou classe a que esse indivíduo pertence? A resposta a essa questão obviamente afeta nossas expectativas quanto ao discurso do intelectual: o que ouvimos ou lemos expressa uma visão independente ou representa um governo, uma causa política organizada, um grupo de pressão? As representações do intelectual no século XIX tendiam a acentuar a individualidade; muitas vezes o intelectual é, como o Bazárov de Turguêniev ou o Stephen Dedalus de Joyce, uma figura solitária, de certo modo arredia, que não se adapta de jeito nenhum à sociedade e é, por isso, um rebelde completamente à margem da opinião estabelecida. Com o crescente número de homens e mulheres do século XX que pertencem a um grupo geral chamado de intelectuais ou intelectualidade — gestores, professores, jornalistas, especialistas em computação ou em assuntos de governo, lobistas, eruditos, colunistas de agências de notícias, consultores pagos para dar suas opiniões —, somos levados a nos perguntar se o indivíduo intelectual, com uma voz independente, pode realmente existir.

Essa é uma questão tremendamente importante e deve ser vista com uma combinação de realismo e idealismo, certamente não com cinismo. Um cínico, diz Oscar Wilde, é alguém que sabe o preço de tudo, mas não conhece o valor de nada. Acusar todos os intelectuais de vendidos só porque ganham a vida trabalhando numa universidade ou num jornal é uma acusação grosseira e, afinal, sem sentido. Seria indiscriminadamente cínico afirmar que o mundo é tão corrupto que, em última análise, todos sucumbem ao dinheiro. Por outro lado, não é muito menos sério considerar a pessoa do intelectual um modelo perfeito, uma espécie de cavaleiro reluzente tão puro e tão nobre a ponto de desviar qualquer suspeita de interesse material. Ninguém consegue passar em tal teste, nem mesmo Stephen Dedalus, que é tão puro e tão impetuosamente ideal que acaba incapacitado e, pior ainda, silencioso.

O fato é que o intelectual não deve ser uma figura tão incontroversa e cautelosa como seria um técnico amigável, nem tentar ser uma Cassandra em tempo integral, que não só era desagradável, com toda a razão, como também não era ouvida. Todo ser humano é limitado por uma sociedade, não importa quão livre e aberta ela seja, quão boêmio o indivíduo seja. De qualquer modo, espera-se que o intelectual seja ouvido e que, na prática, deva suscitar debate e, se possível, controvérsia. As alternativas, porém, não são aquiescência total ou rebeldia total.

Durante os últimos dias da administração Reagan, um intelectual americano e ex-militante de esquerda chamado Russell Jacoby publicou um livro que gerou grande discussão, a maior parte dela de aprovação. Intitulava-se *Os últimos intelectuais* e defendia a tese incontestável de que nos Estados Unidos "o intelectual não acadêmico" tinha desaparecido completamente, não deixando ninguém no seu lugar, exceto um punhado de professores universitários tímidos, dominados por um jargão peculiar, nos quais ninguém na sociedade prestava muita atenção.[4] O modelo de Jacoby para o intelectual de antigamente abrangia alguns nomes que viveram principalmente em Greenwich Village (local equivalente ao Quartier Latin) no começo do século XX e eram conhecidos de um modo geral como os intelectuais de Nova York. A maioria deles eram judeus, de esquerda (mas grande parte anticomunista) e conseguiam viver de seus escritos. Figuras da primeira geração incluíam homens e mulheres como Edmund Wilson, Jane Jacobs, Lewis Mumford, Dwight McDonald; seus seguidores um pouco mais tarde foram Philip Rahv, Alfred Kazin, Irving Howe, Susan Sontag, Daniel Bell, William Barrett, Lionel Trilling. De acordo com Jacoby, pessoas como essas perderam importância por causa de várias forças políticas e sociais do pós-guerra: a fuga para os subúrbios (para Jacoby o intelectual é uma criatura urbana), as irresponsabilidades da geração beat, pioneira da idéia de romper com tudo e fugir de uma posição estabelecida na vida, a expansão da universidade e a ida para o campus da primeira esquerda independente americana.

O resultado é que o intelectual hoje é muito provavelmente um professor de literatura confinado, com uma renda segura, sem nenhum interesse em lidar com o mundo fora da sala de aula. Tais indivíduos, Jacoby alega, escrevem uma prosa esotérica e bizarra, dirigida principalmente para a promoção acadêmica e não para a mudança social. Enquanto isso, a predominância do que foi chamado movimento neoconservador — intelectuais que tinham se tornado proeminentes durante o período Reagan, mas que eram em muitos casos ex-esquerdistas, intelectuais independentes como o comentarista social Irving Kristol e o filósofo Sidney Hook — trouxe consigo grande número de novos periódicos expressando uma agenda social abertamente reacionária ou pelo menos conservadora (Jacoby menciona em particular o periódico trimestral de extrema direita *The New Criterion*). Essas forças, diz Jacoby, foram e ainda são muito mais insistentes no sentido de cortejar jovens escritores, potenciais líderes intelectuais que podem suceder os mais velhos. Enquanto a *New York Review of Books*, a mais prestigiosa revista liberal da América, tinha sido outrora pioneira em apresentar idéias audaciosas expressas por escritores novos e radicais, agora adquirira um "passado deplorável", parecendo, na sua envelhecida anglofilia, "mais com os chás de Oxford do que com as *delis* de Nova York". Jacoby conclui que a *New York Review* "nunca estimulou ou prestou atenção nos intelectuais americanos mais jovens. Por um quarto de século usou o banco cultural sem fazer nenhum investimento. Hoje a transação tem de contar com capital intelectual importado, principalmente da Inglaterra". Tudo isso se deve, em parte, "não a uma greve, mas a um fechamento dos antigos centros urbanos e culturais".[5]

Jacoby retoma sua idéia de um intelectual, que ele descreve como "uma alma incorrigivelmente independente que não responde a ninguém". Tudo o que nós temos agora, diz ele, é uma geração desaparecida, que foi substituída por técnicos de sala de aula, altaneiros e impossíveis de compreender, contratados por comissões, ansiosos para agradar a vários patrocinadores e agências, eriçados com credenciais acadêmicas e com uma autoridade social que não promove debate, mas estabelece reputações e intimida os não-especialistas. Trata-se de um quadro muito sombrio, mas será que é acurado? O que Jacoby diz sobre a razão do desaparecimento dos intelectuais é verdade ou podemos oferecer de fato um diagnóstico mais preciso?

Em primeiro lugar, acho errado ser injusto em relação à universidade ou mesmo aos Estados Unidos. Houve um breve período na França, logo após a Segunda Guerra Mundial, em que um punhado de proeminentes intelectuais independentes como Sartre, Camus, Aron, De Beauvoir, pareciam representar a idéia clássica — não necessariamente a realidade — de intelectuais descendentes de seus grandes (mas, infelizmente, muitas vezes míticos) protótipos do século XIX, como Ernest Renan e Wilhelm von Humboldt. Mas o que Jacoby não diz é que o trabalho intelectual no século XX se envolveu muito não só com o debate público e com a grande polêmica do tipo defendido por Julien Benda e talvez exemplificado por Bertrand Russell e alguns intelectuais boêmios de Nova York, mas também com a crítica e o desencanto, com a denúncia de falsos profetas e a descrença de antigas tradições e nomes consagrados.

Além disso, ser um intelectual não é de jeito nenhum incompatível com o trabalho acadêmico ou mesmo com a profissão de pianista. O brilhante pianista canadense Glenn Gould (1932-82) foi um artista dedicado à gravação, tendo assinado contratos com grandes gravadoras durante toda a sua vida profissional; isso não o impediu de ser um reintérprete iconoclasta e um comentador de música clássica com tremenda influência no modo como a execução é realizada e julgada. Intelectuais acadêmicos — historiadores, por exemplo — remodelaram totalmente o pensamento quanto à escrita da História, à estabilidade de tradições, ao papel da linguagem na sociedade. Podemos pensar em Eric Hobsbawm e E. P. Thompson na Inglaterra, ou Hayden White nos Estados Unidos. O trabalho deles teve grande difusão para além da academia, apesar de ter nascido e se alimentado dentro dela na sua maioria.

Quanto aos Estados Unidos serem especialmente culpados por descaracterizar a vida intelectual, poder-se-ia argumentar que, aonde quer que se olhe hoje em dia, mesmo na França, o intelectual não é mais um boêmio ou um filósofo de mesa de bar, mas se tornou uma figura bem diferente, representando muitos tipos diferentes de preocupações, fazendo suas representações de um modo muito diferente, dramaticamente alterado. Como venho sugerindo nestas conferências, o intelectual não representa um ícone do tipo estátua, mas uma vocação individual, uma energia, uma força obstinada, abordando com uma voz empenhada e reconhecível na linguagem e na sociedade uma porção de questões, todas elas relacionadas, no fim das contas, com uma combinação de esclarecimento e emancipação ou liberdade. A ameaça específica ao intelectual hoje, seja no Ocidente, seja no mundo não ocidental, não é a academia, nem os subúrbios, nem o comercialismo estarrecedor do jornalismo e das editoras, mas antes uma atitude que vou chamar de profissionalismo. Por profissionalismo eu entendo pensar no trabalho do intelectual como alguma coisa que você faz para ganhar a vida, entre nove da manhã e cinco da tarde, com um olho no relógio e outro no que é considerado um comportamento apropriado, profissional — não entornar o caldo, não sair dos paradigmas ou limites aceitos, tornando-se, assim, comercializável e, acima de tudo, apresentável e, portanto, não controverso, apolítico e "objetivo".

Vamos voltar a Sartre. No preciso momento em que ele parece

estar advogando a idéia de que o homem (nenhuma menção à mulher) é livre para escolher seu próprio destino, ele também diz que a situação — uma das suas palavras favoritas — pode impedir o pleno exercício de tal liberdade. E, no entanto, Sartre acrescenta, é errado dizer que o meio e a situação determinam, de modo unilateral, o escritor ou o intelectual; o que existe é, sobretudo, um movimento constante para a frente e para trás entre eles. No seu credo como intelectual, publicado em 1947, *Que é a literatura?*, Sartre usa a palavra *escritor*, mas é claro que ele está falando sobre o papel do intelectual na sociedade, como na seguinte passagem:

> Sou um autor, em primeiro lugar, por minha livre intenção de escrever. Mas imediatamente segue-se que eu me torno um homem que outros homens consideram um escritor, isto é, que tem de responder a uma certa demanda e que foi investido de uma certa função social. Seja qual for o jogo que ele queira jogar, deve jogá-lo com base na representação que outros fazem dele. Pode querer modificar o caráter que se atribui ao homem de letras [ou intelectual] numa dada sociedade; mas para mudá-lo tem antes de introduzir-se nela. Depois, o público intervém, com seus costumes, sua visão de mundo e sua concepção da sociedade e da literatura no interior dessa sociedade. O público cerca o escritor, encurrala-o, e suas exigências imperiosas ou dissimuladas, suas recusas e suas fugas são os fatos concretos em cuja base uma obra pode ser construída.[6]

Sartre não está dizendo que o intelectual seja uma espécie de rei-filósofo isolado, que devemos idealizar e venerar como tal. Ao contrário — e isto é algo que as pessoas que, hoje em dia, lamentam o desaparecimento dos intelectuais tendem a não perceber —, ele está constantemente sujeito não apenas às exigências da sua sociedade, mas também a muitas modificações substanciais na condição social dos intelectuais como membros de um grupo distinto. Supondo que ele deva ter soberania, ou um tipo de autoridade irrestrita sobre a vida moral e mental numa sociedade, os críticos da cena contemporânea simplesmente se recusam a ver quanta energia tem sido gasta ultimamente para resistir e até mesmo atacar a autoridade, com mudanças radicais na auto-representação do intelectual.

A sociedade atual ainda enclausura e cerca o escritor, às vezes com prêmios e recompensas, muitas vezes rebaixando ou ridicularizando totalmente o trabalho intelectual e, ainda com maior freqüência, dizendo que o verdadeiro intelectual, homem ou mulher, deveria ser apenas um profissional experimentado em seu campo. Não me lembro de Sartre ter dito alguma vez que o intelectual devia permanecer necessariamente fora da universidade: o que ele *realmente* disse foi que o intelectual nunca é de todo um intelectual como quando é rodeado, induzido com agrados, encurralado, tiranizado pela sociedade para ser uma coisa ou outra, porque só nesse momento e nessa base se pode construir o trabalho intelectual. Quando recusou o Prêmio Nobel em 1964, Sartre estava agindo precisamente de acordo com seus princípios.

O que são essas pressões hoje em dia? E como elas se encaixam no que eu chamo de profissionalismo? O que quero discutir são quatro pressões que, a meu ver, desafiam a engenhosidade e a força de vontade do intelectual. Nenhuma delas é única para uma determinada sociedade. Apesar da sua difusão, cada uma dessas pressões pode ser contestada pelo que chamo de amadorismo, o desejo de ser movido não por lucros ou recompensas, mas por amor e pelo interesse irreprimível por horizontes mais amplos, pela busca de relações para além de linhas e barreiras, pela recusa em estar preso a uma especialidade, pela preocupação com idéias e valores apesar das restrições de uma profissão.

A especialização é a primeira dessas pressões. Hoje, quanto mais elevado se estiver no sistema educacional, mais se é limitado a uma área de conhecimento relativamente restrita. Por certo, ninguém pode ter nada contra a competência enquanto tal, mas quando isso envolve perder de vista qualquer coisa fora do seu campo imediato — digamos, a poesia amorosa no começo da era vitoriana — e sacrificar a cultura geral em prol de um elenco de autoridades e idéias canônicas, então esse tipo de competência não vale o preço pago por ela.

No estudo de literatura, por exemplo, que é de meu interesse particular, a especialização significou um crescente formalismo técnico e, cada vez menos, uma compreensão histórica das verdadeiras experiências que realmente se concretizaram na composição de uma obra literária. A especialização significa perder de vista o trabalho árduo de construir arte ou conhecimento; como resultado, não se consegue ver o conhecimento e a arte como escolhas e decisões, compromissos e alinhamentos, mas somente em termos de teorias ou metodologias impessoais. Ser um especialista em literatura significa, com demasiada freqüência, excluir a História, ou a música, ou a política. No final, como um intelectual totalmente especializado em literatura, você fica domesticado e aceita qualquer coisa que os chamados grandes especialistas nesse campo pontificam. A especialização também mata os prazeres do arrebatamento e da descoberta, ambos irredutivelmente presentes na índole do intelectual. Em última análise, ceder à especialização é, sempre achei, preguiça, e assim você acaba fazendo o que os outros lhe dizem, porque essa é, afinal de contas, sua especialidade.

Se a especialização é um tipo de pressão geral e instrumental presente em todos os sistemas educacionais do mundo, a expertise e o culto do técnico ou perito credenciado são pressões mais próprias no mundo do pós-guerra. Para ser um especialista, você tem de ser credenciado pelas autoridades competentes; elas ensinam a falar a linguagem correta, a citar as autoridades certas, a sujeitar-se ao território correto. Isso é verdadeiro sobretudo quando áreas do conhecimento sensíveis e/ou lucrativas estão em questão. Recentemente, tem havido muita discussão sobre uma coisa chamada "politicamente correto", uma expressão insidiosa aplicada a humanistas acadêmicos que, diz-se com freqüência, não pensam de forma independente, e sim de acordo com normas estabelecidas por uma cabala de esquerdistas; essas normas são consideradas demasiadamente sensíveis ao racismo, sexismo e outros "ismos", em vez de permitirem que as pessoas debatam de uma maneira considerada "aberta".

A verdade é que a campanha contra o politicamente correto tem sido conduzida principalmente por conservadores de várias tendências e outros paladinos dos valores da família. Embora algumas coisas que eles dizem tenham um certo mérito — sobretudo quando ressaltam a total inconsistência do jargão bobo e insensato —, sua campanha fecha os olhos ao incrível conformismo e às críticas politicamente corretas no que diz respeito, por exemplo, às políticas militar, de segurança nacional, externa e econômica. Durante os anos imediatamente posteriores à Segunda Guerra, por exemplo, exigia-se em relação à União Soviética a aceitação sem questionamento das premissas da Guerra Fria, da maldade total da União Soviética, e assim por diante.

Por um período ainda maior, mais ou menos de meados da década de 1940 até meados da década de 1970, a posição oficial americana sustentava que a liberdade no Terceiro Mundo significava simplesmente liberdade em relação ao comunismo. Essa idéia reinava praticamente sem contestação, e a ela se ligava a noção, constantemente elaborada por legiões de sociólogos, antropólogos, cientistas políticos e economistas, de que o "desenvolvimento" era um fenômeno não ideológico, derivado do Ocidente, e envolvia salto econômico, modernização, anticomunismo e uma devoção, entre alguns líderes políticos, às alianças formais com os Estados Unidos.

Para os Estados Unidos e alguns de seus aliados, como a Grã-Bretanha e a França, essas visões sobre defesa e segurança implicavam, com freqüência, a continuação de políticas imperialistas, em que intervenções militares contra insurreições e uma oposição implacável ao nacionalismo nativo (sempre visto como simpatizante do comunismo e da União Soviética) provocaram imensos desastres na forma de guerras e invasões custosas (como a do Vietnã), apoio indireto a invasões e massacres (como os cometidos pelos aliados do Ocidente, entre eles a Indonésia, El Salvador e Israel) e regimes clientelistas com economias grotescamente distorcidas. Discordar disso tudo significava, com efeito, interferir num mercado controlado por especialistas, talhados para patrocinar o esforço nacional. Se, por exemplo, você não fosse um cientista político formado pelo sistema universitário americano, com um considerável respeito pela teoria do desenvolvimento e pela segurança nacional, você não era ouvido, em alguns casos nem lhe permitiam falar, mas era desafiado com base na falta de uma especialização.

No fim das contas, expertise tem muito pouco a ver, rigorosamente falando, com conhecimento. Parte do material sobre a Guerra do Vietnã usado por Noam Chomsky é muito maior em alcance e precisão do que estudos similares escritos por peritos credenciados. Mas, enquanto Chomsky foi além das rituais noções patrióticas — que incluíam a idéia de que "nós" estávamos indo ajudar nossos aliados, ou de que "nós" estávamos defendendo a liberdade contra uma tomada de poder inspirada por Moscou ou Pequim — e mostrou os verdadeiros motivos que governavam o comportamento dos Estados Unidos, os peritos credenciados, que queriam ser chamados de volta para dar consultoria ou palestras no Departamento de Estado ou trabalhar para a Rand Corporation, jamais se aventuraram por esses territórios. Chomsky conta que, como lingüista, tem sido convidado por matemáticos a falar sobre suas teorias, sendo geralmente ouvido com interesse respeitoso, apesar de seu relativo desconhecimento do jargão matemático. No entanto, quando tenta apresentar a política externa dos Estados Unidos sob um ponto de vista crítico, os reconhecidos especialistas em política externa tentam impedi-lo de falar, com base na sua falta de credenciais como expert em política externa. Há pouca refutação aos seus argumentos; apenas a afirmação de que ele se situa fora de qualquer debate ou consenso aceitáveis.

A terceira pressão do profissionalismo é a tendência inevitável para o poder e a autoridade entre seus adeptos, para as exigências e prerrogativas do poder e para se tornar diretamente empregado por ele. Nos Estados Unidos, é de fato espantoso verificar até que ponto a agenda da segurança nacional determinava as prioridades e a mentalidade da pesquisa acadêmica durante o período em que os Estados Unidos estavam disputando com a União Soviética a hegemonia mundial. Uma situação semelhante ocorria na União Soviética, mas no Ocidente ninguém tinha ilusões quanto à informação livre *lá*. Só agora estamos começando a perceber o significado disso — que os departamentos de Estado e de Defesa americanos forneciam mais dinheiro do que qualquer doador ou mecenas para pesquisa universitária nas áreas de ciência e tecnologia; isso foi especialmente verdadeiro em relação ao MIT (Instituto de Tecnologia de Massachusetts) e à Universidade de Stanford, que, juntos, receberam os maiores valores durante décadas.

Mas é também verdade que, no mesmo período, departamentos universitários de ciências sociais e até da área de humanidades foram financiados pelo governo, tendo como objetivo a mesma agenda geral. Coisas assim ocorrem, é claro, em todas as sociedades, mas nos Estados Unidos isso foi digno de nota porque os resultados de algumas pesquisas antiguerrilha desenvolvidas para apoiar a política no Terceiro Mundo — no Sudeste Asiático, na América Latina e sobretudo no Oriente Médio — foram aplicados diretamente em atividades secretas, sabotagem e mesmo na guerra aberta. Questões de moralidade e justiça foram adiadas para que alguns contratos pudessem ser cumpridos. Um desses contratos era o célebre Projeto Camelot, empreendido por cientistas sociais para o Exército no começo de 1964, com o objetivo de estudar não apenas o colapso de várias sociedades em todo o mundo, mas também de prevenir a ocorrência desse colapso.

Isso não foi tudo. Poderes centralizadores na sociedade civil americana, como os partidos Republicano e Democrata; lobbies industriais ou com interesses específicos, como os criados ou mantidos pelas grandes empresas de fabricação de armas, grupos ligados ao petróleo e ao tabaco; grandes fundações, como as estabelecidas pelos Rockefeller, os Ford e os Mellon — todos empregam especialistas acadêmicos para desenvolver programas de pesquisa e de estudos que promovam as agendas tanto comerciais quanto políticas. Isso, é claro, faz parte do que é considerado o comportamento normal num sistema de livre mercado e ocorre em toda a Europa e no Extremo Oriente. Há doações e bolsas de estudo a serem recebidas de *think tanks*, mais licenças sabáticas e subvenções para publicações, como também promoção e reconhecimento profissionais.

Tudo no sistema é feito sem subterfúgios e, como eu disse, é aceitável de acordo com os padrões de competição e resposta do mercado que governam o comportamento sob o capitalismo avançado numa sociedade liberal e democrática. Mas, ao passarmos muito tempo preocupados com as restrições impostas à liberdade intelectual e de pensamento em sistemas de governo totalitários, não fomos tão exigentes em relação às ameaças, para o intelectual enquanto indivíduo, de um sistema que recompensa a conformidade intelectual, bem como a participação voluntária em objetivos que foram estabelecidos não pela ciência, mas pelo governo; assim, a pesquisa e a credibilidade são controladas com o objetivo de alcançar e manter uma fatia maior do mercado. Em outras palavras, o espaço individual e subjetivo para a representação intelectual, para fazer perguntas, questionar e desafiar o sentido de uma guerra ou de um imenso programa social que promove contratos e concede prêmios, encolheu drasticamente em relação ao que era há cem anos, quando Stephen Dedalus podia dizer que, como intelectual, seu dever era não servir a nenhum tipo de poder ou autoridade. Agora, não quero sugerir, como alguns fizeram — com sentimentalismo, penso —, que deveríamos recuperar uma época em que as universidades não eram tão grandes e as oportunidades que elas hoje oferecem não eram tão abundantes. A meu ver, a universidade ocidental, certamente nos Estados Unidos, ainda pode oferecer ao intelectual um espaço quase utópico, em que a reflexão e a pesquisa podem continuar, embora sob novos constrangimentos e pressões.

Portanto, o problema para o intelectual é tentar lidar com as restrições do profissionalismo moderno, como tenho discutido, sem fingir que elas não existem ou negando sua influência, mas representando um conjunto diferente de valores e prerrogativas. Chamarei essa atitude de *amadorismo*, literalmente uma atividade que é alimentada pela dedicação e pela afeição, e não pelo lucro e por uma especialização egoísta e estreita.

O intelectual hoje deve ser um amador, alguém que, ao considerar-se um membro pensante e preocupado de uma sociedade, se empenha em levantar questões morais no âmago de qualquer atividade, por mais técnica e profissionalizada que seja. Essa atividade empenhada envolve seu país, o poder e o modo de interagir com seus cidadãos, bem como com outras sociedades. Além disso, o espírito do intelectual como um amador pode transformar a rotina meramente profissional da maioria das pessoas em algo muito mais intenso e radical; em vez de se fazer o que supostamente tem que ser feito, pode-se se perguntar por que se faz isso, quem se beneficia disso, e como é possível tornar a relacionar essa atitude com um projeto pessoal e pensamentos originais.

Cada intelectual tem uma audiência, um público. A questão é se essa audiência está lá para ser satisfeita, e, conseqüentemente, manter-se feliz, ou se ela existe para ser desafiada e, portanto, instigada a uma oposição direta ou mobilizada para uma maior participação democrática na sociedade. Mas, em qualquer dos casos, não há como se desviar da autoridade e do poder, nem da relação do intelectual com ambos. De que forma ele se dirige à autoridade: como um bajulador profissional ou como uma consciência crítica dessa autoridade, ou seja, um amador que não espera recompensas?

5. Falar a verdade ao poder

Gostaria de retomar os temas da especialização e do profissionalismo, e a forma como o intelectual enfrenta a questão do poder e da autoridade. Em meados da década de 1960, pouco antes de a oposição à Guerra do Vietnã se tornar muito comentada e difundida, fui procurado, na Universidade de Colúmbia, por um estudante de graduação de aparência mais velha, que me pediu que o admitisse num seminário com vagas limitadas. Parte de seus argumentos residia no fato de que era um veterano de guerra, tendo servido na força aérea. Enquanto conversávamos, tive um estranho vislumbre acerca da mentalidade do profissional — nesse caso, um piloto experiente —, cujo vocabulário usado em seu trabalho poderia ser descrito como "jargão interno". Nunca vou esquecer meu choque quando, ao responder à minha pergunta insistente "O que é que você realmente fazia na força aérea?", ele disse: "Aquisição do alvo". Demorei mais alguns minutos para perceber que ele era um bombardeiro, cujo trabalho, claro, era bombardear. Mas ele revestia isso de uma linguagem profissional que, de certa maneira, excluía e mistificava as indagações mais diretas de alguém fora do ramo. Eu o aceitei no seminário — talvez pensando que podia mantê-lo sob meu olhar e, como incentivo adicional, persuadi-lo a abandonar o espantoso jargão. "Aquisição do alvo", tenha dó!

De um modo mais consistente e sistemático, penso, os intelectuais que estão próximos da formulação de políticas e podem controlar o protecionismo do tipo que dá ou tira empregos, subsídios e promoções tendem a vigiar os indivíduos que não se submetem profissionalmente e que, aos olhos de seus superiores, dão mostras de controvérsia e não-cooperação. É compreensível que, se você quiser um trabalho feito — digamos que você e sua equipe tenham de fornecer ao Ministério da Defesa ou das Relações Exteriores um estudo sobre a Bósnia na semana que vem —, você deve trabalhar com gente de confiança, que partilhe os mesmos pressupostos e fale a mesma língua. Sempre achei que, para um intelectual que representa o tipo de coisas que venho discutindo nestas conferências, pertencer a essa posição profissional, em que principalmente se serve ao poder e ganham-se recompensas desse poder, não é de jeito nenhum apropriado ao exercício daquele espírito de análise e capacidade de julgamento críticos e relativamente independentes que, do meu ponto de vista, deveriam ser a contribuição do intelectual. Em outras palavras, o intelectual propriamente dito não é um funcionário, nem um empregado inteiramente comprometido com os objetivos políticos de um governo, de uma grande corporação ou mesmo de uma associação de profissionais que compartilham uma opinião comum. Em tais situações, as tentações de bloquear o sentido moral, de pensar apenas do ponto de vista da especialização ou de reduzir o ceticismo em prol do conformismo são muito grandes para serem confiáveis. Muitos intelectuais sucumbem por completo a essas tentações e, até certo ponto, todos nós. Ninguém é totalmente auto-suficiente, nem mesmo o mais livre dos espíritos.

Já sugeri que, como forma de manter uma relativa independência intelectual, o melhor caminho é ter uma atitude de amador, em vez de profissional. Mas deixem-me ser prático e pessoal por um momento. Em primeiro lugar, o amadorismo significa uma opção pelos riscos e pelos resultados incertos da esfera pública — uma conferência, ou um livro, ou um artigo em circulação ampla e irrestrita — em vez do espaço para iniciados, controlado por especialistas e profissionais. Várias vezes nos últimos dois anos fui convidado pelos meios de comunicação para ser um consultor remunerado. Recusei, simplesmente porque isso significaria estar preso a uma estação de televisão ou a um único jornal, e preso também à linguagem política em voga e à estrutura conceitual desses meios. Do mesmo modo, nunca tive interesse em consultorias pagas pelo (ou para) o governo, onde nunca se sabe como nossas idéias vão ser usadas depois. Em segundo lugar, emitir conhecimento em troca de remuneração é muito diferente de receber um convite de uma universidade para dar uma conferência pública ou para falar apenas para uma pequena platéia de funcionários. Isso me parece muito óbvio, tanto é que sempre aceitei dar palestras em universidades e sempre recusei as outras ofertas. E, em terceiro lugar, para ser mais político, todas as vezes em que fui solicitado para ajudar um grupo palestino ou convidado por uma universidade da África do Sul para falar contra o apartheid e a favor da liberdade acadêmica, sempre aceitei.

Enfim, sou movido por idéias e causas que realmente posso apoiar por escolha, porque são coerentes com os valores e princípios em que acredito. Portanto, não me considero limitado pelo meu trabalho profissional em literatura, que me excluiria de assuntos de política pública só porque estou autorizado apenas a ensinar literatura moderna européia e americana. Falo e escrevo sobre assuntos mais amplos porque, como amador, sou instigado por compromissos que vão muito além da minha estrita carreira profissional. É evidente que faço um esforço consciente para conquistar uma audiência nova e maior para esses pontos de vista, que nunca apresento em sala de aula.

Mas o que são realmente essas incursões amadoras na esfera pública? Será que o intelectual é galvanizado para a ação intelectual por lealdades primordiais, locais, instintivas — sua própria etnia, povo ou religião —, ou há um conjunto de princípios mais universal ou racional que pode governar e talvez até governe o modo como alguém fala ou escreve? Com efeito, estou formulando *a* questão básica para o intelectual: como alguém fala a verdade? Que verdade? Para quem e onde?

Infelizmente, devemos começar a responder dizendo que não há sistema ou método suficientemente amplo e seguro que forneça ao intelectual respostas diretas a essas questões. No mundo secular — nosso mundo, o mundo histórico e social feito pelo esforço humano —, ele tem apenas meios seculares para trabalhar; a revelação e a inspiração divinas, embora perfeitamente plausíveis como modos de compreensão na vida privada, são desastrosas e mesmo bizarras quando usadas por homens e mulheres de espírito especulativo. Na verdade, eu iria mais longe, a ponto de dizer que o intelectual deve se envolver numa disputa constante contra todos os guardiões de visões ou textos sagrados, cujas depredações são enormes e cuja mão pesada não tolera o desacordo e, certamente, nenhuma diversidade. A liberdade de opinião e de expressão é o principal bastião do intelectual secular: abandonar sua defesa ou tolerar adulterações de qualquer dos seus fundamentos é, com efeito, trair a vocação do intelectual. É por isso que a defesa do livro *Os versos satânicos*, de Salman Rushdie, tem sido uma questão tão central, tanto em si própria como no interesse de qualquer violação contra o direito de expressão de jornalistas, romancistas, ensaístas, poetas, historiadores.

E essa não é apenas uma questão para o mundo islâmico, mas

também para o mundo judeu e cristão. Não se pode pedir liberdade de expressão de modo ofensivo em um território e ignorá-la em outro. Pois, de um lado, não pode haver debate com autoridades que clamam o direito secular de defender um decreto divino; de outro, a busca do debate árduo é o centro da atividade, o verdadeiro palco e contexto onde atuam os intelectuais seculares. Mas estamos de volta ao ponto de partida: que verdade e princípios devem ser defendidos, apoiados, representados? Essa não é uma questão de Pôncio Pilatos, um modo de lavar as mãos num caso difícil, mas o começo necessário de uma visão geral sobre o lugar e o papel do intelectual de hoje, cercado de campos minados, traiçoeiros e desconhecidos.

Consideremos como ponto de partida a questão, extremamente polêmica hoje em dia, da objetividade, ou da exatidão, ou dos fatos. Em 1988 o historiador americano Peter Novick publicou um livro volumoso cujo título dramatiza esse dilema com eficiência. Chama-se *That noble dream* [Aquele sonho nobre], com o subtítulo *The "objectivity question" and the American historical profession* [A "questão da objetividade" e o historiador americano]. A partir de documentos baseados em um século de atividades historiográficas nos Estados Unidos, Novick mostrou como a essência da investigação histórica — o ideal de objetividade, por meio do qual o historiador tem a oportunidade de apresentar os fatos da maneira mais realista e acurada possível — aos poucos evoluiu para um atoleiro de argumentos e contra-argumentos rivais, todos eles reduzindo a um mínimo qualquer ilusão (ou nem isso) de concordância por parte dos historiadores sobre o que era a objetividade.

Em tempo de guerra, a objetividade teve que prestar serviço como sendo "nossa" verdade, isto é, a verdade americana oposta à verdade fascista alemã; em tempo de paz, na forma da verdade objetiva de cada grupo rival — mulheres, afro-americanos, asiático-americanos, homossexuais, brancos etc. — e de cada escola (marxista, do establishment, desconstrucionista, cultural). Depois de tanta conversa ociosa sobre sistemas de conhecimento, Novick pergunta se é possível haver alguma convergência sobre a questão, concluindo, em tom sombrio, que

> a disciplina de história, enquanto uma extensa comunidade de discurso, uma comunidade de eruditos, unidos por finalidades comuns, padrões comuns e propósitos comuns, deixou de existir [...] O professor [de história] passou a ser descrito tal como no último verso do *Livro dos Juízes*: 'Naquele tempo não havia rei em Israel; cada qual fazia o que parecesse justo a seus olhos'.[1]

Como mencionei na minha última conferência, uma das principais atividades do intelectual do século XX tem sido questionar, para não dizer subverter, o poder da autoridade. Assim, contribuindo com os achados de Novick, deveríamos dizer que não somente desapareceu um consenso sobre o que constituía a realidade objetiva, como também muitas autoridades tradicionais, incluindo Deus, foram em grande parte varridas do caminho. Houve até uma influente escola de filósofos, em que se destaca Michel Foucault, que dizem que falar de um autor qualquer (por exemplo, "o autor dos poemas de Milton') é uma afirmação tendenciosa, para não dizer ideológica.

Diante dessa investida formidável, retroceder a uma atitude de impotência, de mãos amarradas, ou à reafirmação imperativa de valores tradicionais, tal como faz o movimento global neoconservador, não vai adiantar. Penso que se pode afirmar que a crítica da objetividade e da autoridade prestou realmente um serviço positivo ao sublinhar como, no mundo secular, os seres humanos constroem suas verdades e que, por exemplo, a pretensa verdade objetiva da superioridade do homem branco, construída e mantida pelos clássicos impérios coloniais da Europa, também se escorou na sujeição violenta dos povos africanos e asiáticos, que, sem dúvida, lutaram contra essa "verdade" específica a eles imposta, a fim de instituírem sua própria ordem independente. E, por isso, todos agora se apresentam com novas visões do mundo e, muitas vezes, violentamente opostas: ouvem-se discussões infindáveis sobre os valores judaico-cristãos, os valores próprios da África, as verdades muçulmanas, as verdades orientais, as verdades ocidentais, cada uma dessas visões apresentando um programa completo para excluir todas as outras. Por toda parte, a intolerância e o dogmatismo estridente são hoje de tal ordem que nenhum sistema é capaz de lidar com eles.

O resultado é uma ausência quase completa de valores universais, ainda que muitas vezes a retórica sugira, por exemplo, que "nossos" valores (quaisquer que sejam) são, de fato, universais. Uma das mais vergonhosas manobras intelectuais consiste em pontificar sobre os abusos na cultura do outro e desculpar exatamente as mesmas práticas na sua própria. Para mim, o exemplo clássico dessa atitude é fornecido pelo brilhante intelectual francês do século XIX Alexis de Tocqueville, que para muitos de nós, educados para acreditar nos valores liberais clássicos e democráticos do Ocidente, ilustrou esses valores quase ao pé da letra. Após escrever seu estudo sobre a democracia nos Estados Unidos, e tendo criticado os maus-tratos infligidos a índios e escravos negros pelos americanos, Tocqueville teve de lidar mais tarde com as políticas coloniais francesas na Argélia no final da década de 1830 e na década de 1840, quando, sob o comando do marechal Bugeaud, o Exército francês de ocupação promoveu uma guerra selvagem de pacificação contra os muçulmanos argelinos. De repente, à medida que se lê o que Tocqueville fala sobre a Argélia, as mesmas normas com as quais ele tinha contestado com tanto humanismo o crime americano são silenciadas para as ações francesas. Não que ele não enumere razões: ele o faz, mas são justificativas pouco convincentes, cuja finalidade é autorizar o colonialismo francês em nome do que ele chama de orgulho nacional. Os massacres não o comovem; muçulmanos, diz ele, pertencem a uma religião inferior e devem ser disciplinados. Em resumo, o aparente universalismo de sua linguagem em relação à América é deliberadamente negado quando aplicado ao seu próprio país, mesmo quando esse país, a França, realiza políticas igualmente desumanas.²

Entretanto, deve-se acrescentar que Tocqueville (e John Stuart Mill, cujas idéias notáveis sobre as liberdades democráticas na Inglaterra, dizia ele, não se aplicavam à Índia) viveu numa época em que as idéias de uma norma universal de conduta internacional significavam, na realidade, o direito do poder europeu e das representações européias de influenciar e de dominar outros povos, tão insignificantes e secundários pareciam os povos não brancos do mundo. Além disso, de acordo com os pensadores ocidentais do século XIX, não havia povos independentes africanos ou asiáticos suficientemente importantes para desafiar a brutalidade draconiana das leis aplicadas unilateralmente pelos exércitos coloniais às raças negra ou mestiça. Seu destino era serem governados. Frantz Fanon, Aimé Césaire e C. L. R. James — para mencionar três grandes intelectuais negros antiimperialistas — só viveram e escreveram no século XX; assim, o que eles e os movimentos de libertação de que participaram conseguiram cultural e politicamente, estabelecendo o direito dos povos colonizados a igual tratamento, não era acessível a Tocqueville ou Mill. Mas essas mudanças de perspectiva estão disponíveis aos intelectuais contemporâneos, que, com pouca freqüência, chegam à conclusão inevitável: se quisermos defender os princípios básicos da justiça humana, devemos fazê-lo para todos, não apenas seletivamente para nosso povo, nossa cultura e nossa nação.

Assim, o problema fundamental é como reconciliar nossa própria identidade e as realidades da nossa própria cultura, sociedade e história com outras identidades, culturas e povos. Isso nunca pode ser feito afirmando-se simplesmente a preferência pelo que já é nosso: discursos ufanistas sobre as glórias da "nossa" cultura ou os triunfos da "nossa" história não são dignos da energia do intelectual, especialmente nos dias de hoje, quando tantas sociedades são compostas de diferentes raças e histórias, de modo a resistirem a qualquer fórmula reducionista. Como tentei mostrar aqui, a esfera pública na qual os intelectuais fazem suas representações é extremamente complexa e encerra aspectos pouco confortáveis, mas o significado de uma intervenção efetiva nesse domínio deve residir na convicção inabalável do intelectual num conceito de justiça e no respeito à igualdade de direitos que admitam as diferenças entre nações e indivíduos, sem, ao mesmo tempo, atribuir-lhes hierarquias, preferências e avaliações dissimuladas. Todo mundo hoje professa uma linguagem liberal de igualdade e harmonia para todos. O problema para o intelectual é fazer com que essas noções se relacionem com situações concretas, em que existe uma enorme distância entre o discurso de igualdade e justiça e a realidade bem menos edificante.

    Isso é demonstrado facilmente nas relações internacionais, daí o motivo de tê-las enfatizado tanto nestas conferências. Dois exemplos recentes ilustram o que tenho em mente. Logo depois da invasão ilegal do Kuwait pelo Iraque, a discussão pública no Ocidente enfocou, com toda a razão, essa agressão inaceitável que, com extrema brutalidade, tentou eliminar a existência do Kuwait. E ao ficar claro que a intenção americana era, de fato, usar a força militar contra o Iraque, a retórica pública encorajou processos na ONU que assegurassem a aprovação de resoluções, baseadas na Carta das Nações Unidas, exigindo sanções e o possível uso de força contra o Iraque. Dos poucos intelectuais que se opuseram tanto à invasão por parte do Iraque como ao posterior uso da força, sobretudo americana, na Operação Tempestade no Deserto, nenhum, pelo que sei, citou qualquer evidência ou fez realmente qualquer tentativa de desculpar o Iraque pela sua invasão.

    Mas o que se observou corretamente na época foi como o caso americano contra o Iraque se tornou consideravelmente enfraquecido quando a administração Bush, com seu enorme poder, pressionou a ONU para a guerra, ignorando as numerosas possibilidades de negociar uma inversão da ocupação antes de 15 de janeiro, quando começou a contra-ofensiva, e se recusou a discutir outras resoluções da ONU sobre outras ocupações ilegais e invasões de território que tinham envolvido os próprios Estados Unidos ou alguns dos seus aliados próximos. É claro que a verdadeira questão no Golfo, no que diz respeito aos Estados Unidos, era o petróleo e o poder estratégico, não os princípios declarados pela administração Bush; mas o que comprometeu a discussão intelectual pelo país afora, nas suas reiterações sobre a inadmissibilidade de ocupar unilateralmente um território pela força, foi a ausência da aplicação universal da idéia. O que nunca pareceu relevante para muitos intelectuais americanos que apoiaram a guerra foi que os próprios Estados Unidos tinham muito recentemente invadido e por um certo tempo ocupado o soberano Estado do Panamá. Quer dizer, se alguém criticasse o Iraque, não seria justo que os Estados Unidos merecessem a mesma crítica? Mas não: os "nossos" motivos eram superiores, Saddam era um Hitler, enquanto "nós" éramos movidos por motivos altamente altruístas e desinteressados, e por isso essa era uma guerra justa.

    Ou considere-se a invasão do Afeganistão pela União Soviética, igualmente errada e igualmente condenável. Mas aliados dos Estados Unidos, como Israel e Turquia, tinham ocupado territórios ilegalmente antes de os russos entrarem no Afeganistão. De modo similar, outro aliado dos Estados Unidos, a Indonésia, massacrou literalmente centenas de milhares de timorenses numa invasão ilegal em meados da década de 1970; há evidências de que os Estados Unidos sabiam e apoiaram os horrores da guerra no Timor Leste, mas poucos intelectuais nos Estados Unidos, ocupados, como sempre, com os crimes da União Soviética, se manifestaram sobre isso.[3] E, assomando no passado, nos vem à mente a grande invasão americana da Indochina, resultando em total destruição, infligida de modo avassalador em pequenas sociedades, principalmente camponesas. O princípio aqui parece ter sido que experts da política exterior e militar deviam focar sua atenção em ganhar uma guerra contra a outra superpotência e seus representantes no Vietnã ou Afeganistão, e nossos próprios crimes que se danem. Práticas como essas são os resultados da realpolitik.

Certamente são, mas minha questão é se, para o intelectual contemporâneo, vivendo numa época já confusa pelo desaparecimento do que parecem ter sido normas morais objetivas e autoridade sensível, é aceitável apoiar simplesmente, ou mesmo cegamente, o comportamento de seu próprio país e fechar os olhos aos seus crimes, ou dizer com bastante negligência: "Penso que todos fazem isso, e é assim que o mundo funciona". Ao contrário, o que devemos ser capazes de dizer é que os intelectuais não são profissionais desnaturados pela subserviência a um poder cheio de falhas, mas — repetindo — são *intelectuais* com uma posição alternativa e mais íntegra, que lhes permite, de fato, falar a verdade ao poder.

Com isso, não pretendo fazer sermões trovejantes ao estilo do Antigo Testamento, declarando que todos são pecadores e basicamente maus. O que quero dizer é algo muito mais modesto e muito mais eficaz. Falar de consistência na defesa de padrões de conduta internacional e no apoio aos direitos humanos não significa procurar interiormente uma luz orientadora fornecida pela inspiração ou intuição profética. A maioria dos países, se não todos, no mundo são signatários da Declaração Universal dos Direitos Humanos, adotada e proclamada em 1948, reafirmada por cada novo Estado-membro da ONU. Há igualmente convenções solenes sobre normas de guerra, tratamento de prisioneiros, direitos dos trabalhadores, mulheres, crianças, imigrantes e refugiados. Nenhum desses documentos diz alguma coisa sobre raças ou povos *desqualificados* ou menos iguais. Todos têm direito às mesmas liberdades.[4] É claro que esses direitos são violados diariamente, como o recente genocídio na Bósnia o testemunhou. Para um funcionário do governo americano, ou egípcio, ou chinês, esses direitos são vistos, no máximo, "de uma forma prática". Mas essas são as normas do poder, que, precisamente, não são as do intelectual, cujo papel consiste em, pelo menos, aplicar os mesmos padrões e normas de conduta, agora já aceitos coletivamente no papel por toda a comunidade internacional.

É claro que cada pessoa lida com questões de patriotismo e lealdade em relação ao seu próprio povo. E é claro que o intelectual não é um mero autômato, professando com veemência para todo mundo leis e regras matematicamente maquinadas. E é claro que o medo e as limitações normais de tempo, atenção e capacidade de quem é apenas uma voz individual operam com eficiência assombrosa. Mas, embora estejamos certos em lamentar o desaparecimento de um consenso sobre o que constitui a objetividade, não estamos completamente ao sabor de uma subjetividade auto-indulgente. Refugiarmo-nos numa profissão ou nacionalidade, como eu disse antes, é apenas isso: um escape; não é uma resposta aos aguilhões que todos nós recebemos ao ler os jornais de manhã.

Ninguém pode falar abertamente e o tempo todo sobre todas as questões. Penso, no entanto, que um dever especial do intelectual é criticar os poderes constituídos e autorizados da nossa sociedade, que são responsáveis pelos seus cidadãos, particularmente quando esses poderes são exercidos numa guerra manifestamente desproporcional e imoral, ou então em programas deliberados de discriminação, repressão e crueldade coletiva. Como assinalei na minha segunda conferência, todos nós vivemos dentro de fronteiras nacionais, falamos línguas nacionais, usamos línguas nacionais, dirigimo-nos (na maior parte do tempo) a comunidades nacionais. Para um intelectual que vive na América, há uma realidade que deve ser encarada: nosso país é, antes de tudo, uma sociedade de imigrantes extremamente diversificada, com recursos e realizações fantásticos, mas encerra também um conjunto terrível de iniquidades internas e intervenções externas que não podem ser ignoradas. Apesar de eu não poder falar pelos intelectuais de outros lugares, certamente a questão básica permanece pertinente, com a diferença de que em outros países o Estado não é um poder global como é nos Estados Unidos.

Em todas essas instâncias, o significado intelectual de uma situação é alcançado quando se comparam os fatos conhecidos e disponíveis com uma norma, também conhecida e acessível. Não é uma tarefa fácil, pois é preciso ter acesso a um conjunto de documentação, pesquisas e investigações com o objetivo de ir além do modo usualmente gradativo, fragmentário e necessariamente falho como a informação é apresentada. Mas, na maioria dos casos, é possível, acredito, avaliar se de fato um massacre foi cometido, ou se uma manipulação ou um disfarce oficial foi realizado. O primeiro imperativo é descobrir o que ocorreu e depois por que, não como eventos isolados, mas como parte de uma história a ser desvendada, cujos contornos vastos incluem a própria nação como participante. A incoerência do modelo de análise das políticas externas realizado por apologistas, estrategistas e planejadores está no fato de se concentrar nos outros como objetos de uma situação, raramente no "nosso" envolvimento e no que ele forjou. Ainda mais raramente esse padrão de análise é comparado a uma norma moral.

O objetivo de falar a verdade, sobretudo numa sociedade

massificada e tão burocratizada como a nossa, é fazer uma análise mais profunda do estado de coisas, relacionando-a com mais rigor a um conjunto de princípios morais — paz, reconciliação, diminuição do sofrimento — e aplicada aos fatos conhecidos. Isso foi chamado de *abdução* pelo filósofo pragmatista americano C. S. Peirce e tem sido usado efetivamente pelo celebrado intelectual contemporâneo Noam Chomsky.[5] Sem dúvida, quando escrevemos e falamos, o objetivo não é mostrar a todo mundo que estamos certos, mas antes tentar induzir uma mudança no clima moral, em que a agressão seja vista como tal, a punição injusta de povos ou indivíduos seja prevenida ou evitada, o reconhecimento de liberdades e direitos democráticos seja estabelecido como norma para todos e não injustamente, para um punhado de eleitos. Entretanto, é preciso admitir que esses objetivos são idealistas e freqüentemente irrealizáveis; e, num certo sentido, são menos relevantes para meu tema aqui do que a atuação de cada intelectual, como venho dizendo, cuja tendência, na maior parte das vezes, é retrair-se ou simplesmente conformar-se.

Na minha visão, nada é mais repreensível do que certos hábitos de pensamento do intelectual que induzem à abstenção, àquele desvio tão característico de uma posição difícil e embasada em princípios, que se sabe ser a correta mas que se decide não tomar. Você não quer parecer muito político; você tem medo de parecer controverso; você precisa da aprovação de um chefe ou de uma figura de autoridade; você quer manter uma reputação de pessoa equilibrada, objetiva, moderada; sua esperança é tornar a ser convidado, consultado, ser membro de um conselho, comissão ou comitê de prestígio, e assim continuar vinculado à esfera do *mainstream*; algum dia você espera conseguir um grau honorífico, um grande prêmio, talvez até uma embaixada.

Para um intelectual esses hábitos de pensamento são corruptores *par excellence*. Se alguma coisa pode desfigurar, neutralizar e, finalmente, matar uma vida intelectual apaixonada é a interiorização de tais hábitos. Pessoalmente, eu me deparei com eles em uma das mais difíceis questões contemporâneas, a da Palestina, onde o medo de falar abertamente sobre uma das maiores injustiças da história moderna amarrou, cegou e amordaçou muitos que conhecem a verdade e estão em posição de defendê-la. Isso porque, apesar das ameaças e da difamação que qualquer defensor sincero dos direitos e da autodeterminação palestinos traz para si, a verdade merece ser dita e representada por um intelectual sem medo e compassivo. Isso se tornou ainda mais verdadeiro à luz do resultado da Declaração de Princípios de Oslo, assinada em 13 de setembro de 1993, entre a OLP e Israel. A grande euforia gerada por esse avanço extremamente limitado obscureceu o fato de que, longe de garantir os direitos palestinos, o documento, com efeito, garantia o prolongamento do controle israelense sobre os territórios ocupados. Criticar tal fato significava, na verdade, tomar uma posição contra a "esperança" e a "paz".[6]

E, para finalizar, uma palavra sobre o modo de intervenção intelectual. O intelectual não sobe numa montanha ou num púlpito e declama das alturas. É óbvio que queremos apresentar nosso trabalho onde ele possa ser mais bem ouvido; e também queremos vê-lo representado de maneira a influenciar um processo contínuo e real, por exemplo, a causa da paz e da justiça. Sim, a voz do intelectual é solitária, mas tem ressonância só porque ela se associa livremente à realidade de um movimento, às aspirações de um povo, à busca comum de um ideal partilhado. O oportunismo impõe que, no Ocidente, muito receptivo a críticas em larga escala, por exemplo, ao terror ou à imoderação palestinos, você os denuncie vigorosamente e depois continue a elogiar a democracia israelense. Nesse momento você tem de dizer algo bom sobre a paz. É claro que a responsabilidade intelectual manda que sejam ditas todas essas coisas aos palestinos, mas também que a declaração de seu posicionamento sobre essa questão seja feita em Nova York, Paris ou Londres, lugares onde ela pode surtir mais efeito, promovendo a idéia da liberdade palestina e a libertação do terror e do extremismo de *todos* os envolvidos no conflito, não apenas da parte mais fraca e mais facilmente intimidada.

Falar a verdade ao poder não é idealismo panglossiano: é pesar cuidadosamente as alternativas, escolher a certa e então representá-la de maneira inteligente, onde possa fazer o maior bem e causar a mudança correta.

6. Deuses que sempre falham

Ele era um intelectual iraniano notavelmente eloqüente e carismático a quem fui apresentado no Ocidente em 1978. Escritor e professor talentoso e culto, teve um papel significativo na divulgação do que era o sistema impopular do xá e, mais tarde, naquele ano, das novas figuras que logo tomariam o poder em Teerã. Naquela época, ele se referia com respeito ao imã Khomeini e em pouco tempo se tornaria associado aos homens relativamente jovens do círculo de poder do aiatolá, homens como Abolhassan Bani-Sadr e Sadek Ghotbzadeh, que, obviamente, eram muçulmanos, mas não islâmicos militantes.

Algumas semanas após a revolução islâmica do Irã ter consolidado o poder dentro do país, meu conhecido (que tinha voltado ao Irã para a instalação do novo governo) regressou ao Ocidente como embaixador num centro metropolitano importante. Lembro-me de ter assistido e participado com ele de debates sobre o Oriente Médio depois da queda do xá. Eu o vi durante a época da longa crise dos reféns, como foi chamada na América, e ele habitualmente expressava angústia e até raiva em relação aos delinqüentes que tinham planejado a invasão da embaixada americana e a conseqüente detenção de cinqüenta ou mais civis como reféns. A impressão inequívoca que tive dele foi a de um homem decente que se comprometera com a nova ordem, a ponto de defendê-la e mesmo servi-la como leal emissário no exterior. Eu o conhecia como um muçulmano praticante, mas de modo algum um fanático. Era habilidoso em rechaçar o ceticismo e os ataques ao governo de seu país; agia, assim, com convicção e discernimento apropriados, pensei, mas sem deixar dúvidas a ninguém — não a mim certamente — de que, embora discordasse de alguns de seus colegas no governo iraniano e visse as coisas naquele nível como um fluxo contínuo, o imã Khomeini era e devia ser *a* autoridade no Irã. Era tão leal que, certa vez em Beirute, disse-me que tinha se recusado a apertar a mão de um líder palestino (isso ocorrera quando a OLP e a revolução islâmica eram aliadas) porque esse dirigente "tinha criticado o imã".

Penso que foi alguns meses antes da libertação dos reféns, no começo de 1981, que ele renunciou ao cargo de embaixador e voltou ao Irã, dessa vez como conselheiro especial do presidente Bani-Sadr. Entretanto, as linhas antagônicas entre o presidente e o imã já estavam bem delineadas e, claro, o presidente perdeu. Logo após ter sido despedido ou deposto por Khomeini, Bani-Sadr foi para o exílio, e meu amigo fez o mesmo, apesar de ter enfrentado grandes dificuldades para sair do Irã. Mais ou menos um ano depois, ele havia se tornado um crítico feroz do Irã de Khomeini, atacando o governo e o homem que ele havia servido, criticando-os publicamente nas mesmas tribunas em Nova York e Londres, onde antes os tinha defendido. No entanto, ele não perdera o senso crítico quanto ao papel desempenhado pelo governo americano e falava de modo consistente sobre o imperialismo dos Estados Unidos: suas lembranças mais antigas do regime do xá e do apoio americano tinham deixado marcas profundas em sua memória.

Por isso, senti uma tristeza ainda maior quando, alguns meses após a Guerra do Golfo, em 1991, eu o ouvi falar sobre o assunto, dessa vez como defensor da guerra americana contra o Iraque. À semelhança de certos intelectuais europeus de esquerda, declarou que, num conflito entre imperialismo e fascismo, devia-se sempre optar pelo imperialismo. Fiquei surpreso ao constatar que nenhum dos formuladores desse, a meu ver, desnecessário e redutor par de escolhas entendera que teria sido bastante possível e mesmo desejável, por razões intelectuais e políticas, rejeitar tanto o fascismo quanto o imperialismo.

De qualquer modo, essa pequena história contém um dos dilemas enfrentados pelo intelectual contemporâneo, cujo interesse no que tenho chamado de esfera pública não seja meramente teórico ou acadêmico, mas que envolva também uma participação direta. Até onde o intelectual deve se envolver? Deveria filiar-se a um partido, servir a uma idéia concretizada em processos políticos reais, personalidades e empregos, tornando-se assim um verdadeiro crente? Ou, por outro lado, há algum modo mais discreto — mas não menos sério e envolvido — de abraçar uma causa sem sofrer a dor de uma posterior traição e desilusão? Até que ponto a lealdade a uma causa leva alguém a ser consistentemente fiel a ela? É possível defender idéias de maneira independente e, ao mesmo tempo, *não* enfrentar a agonia da retratação e da confissão públicas?

Não é totalmente coincidência que a história da peregrinação do meu amigo iraniano para dentro e depois para fora da teocracia islâmica seja a história de uma conversão quase religiosa, seguida do que parece ser uma reversão muito dramática na crença e uma contraconversão. Pois, quer o tenha visto como um advogado da revolução islâmica e posteriormente como um soldado intelectual em suas fileiras, quer como um crítico declarado, que abandonara as idéias dessa revolução com uma rejeição quase repugnante, eu nunca duvidei da sinceridade do meu amigo. Ele era tão convincente no primeiro quanto no segundo papel — apaixonado, fluente, notavelmente eficaz como debatedor.

Não vou fingir que fui um observador imparcial ou distanciado da provação do meu amigo. Como defensores do nacionalismo palestino durante os anos 70, apoiamos uma causa comum contra a grave interferência dos Estados Unidos, que, segundo nosso modo de pensar, sustentou o xá e aplacou e apoiou Israel injusta e anacronicamente. Nós dois vimos nossos povos como vítimas de políticas cruelmente insensíveis: repressão, expropriação e empobrecimento. Estávamos ambos no exílio, embora deva confessar que àquela época eu tinha me resignado a ser um exilado para o resto da vida. Quando o grupo do meu amigo ganhou, por assim dizer, fiquei radiante e não apenas porque ele poderia finalmente voltar para casa. Desde a derrota árabe de 1967, o sucesso da revolução iraniana — que, feita por uma improvável aliança do clero com o povo, confundiu por completo até os mais sofisticados especialistas marxistas do Oriente Médio — foi o primeiro grande golpe na hegemonia ocidental na região. Nós dois vimos isso como uma vitória.

Ainda assim, talvez por eu ser um intelectual secular estupidamente teimoso, nunca me deixei levar pela figura de Khomeini, mesmo antes de ter revelado sua personalidade tenebrosamente tirânica e intransigente como governante supremo. Não sendo por natureza um membro de grupos ou de um partido, nunca me filiei formalmente para servir a algum deles. Por certo já tinha me acostumado a ser periférico, a estar fora do círculo do poder e, talvez por não ter talento para obter uma posição dentro desse círculo encantado, racionalizei as virtudes de agir como alguém que está de fora, um outsider. Nunca consegui acreditar inteiramente nos homens e mulheres — pois é isso que são afinal, *apenas* homens e mulheres — que comandavam forças, dirigiam partidos e países e exerciam uma autoridade por princípio incontestável. A veneração a heróis e até a própria noção de heroísmo, quando aplicada à maioria dos líderes políticos, sempre me deixaram indiferente. Enquanto observava meu amigo juntar-se a um dos lados, em seguida abandoná-lo, e depois realinhar-se, geralmente com grandes cerimônias de adesão e rejeição (tal como desistir do seu passaporte ocidental e depois recuperá-lo), fiquei estranhamente satisfeito por ser um palestino com cidadania americana, provavelmente o único destino para o resto da minha vida, sem alternativas mais atraentes de acomodação.

Por catorze anos fui membro independente do Parlamento palestino no exílio, o Conselho Nacional Palestino, cujo número total de encontros, se é que participei de todos, somou mais ou menos uma semana. Permanecer no conselho foi um ato de solidariedade e também de desafio, porque percebi que no Ocidente era simbolicamente importante uma pessoa expor-se como um palestino, alguém que se associava publicamente à luta para resistir às políticas israelenses e para conseguir a autodeterminação da Palestina. Recusei todas as ofertas que me fizeram para ocupar posições oficiais; nunca me juntei a nenhum partido ou facção. Quando, durante o terceiro ano da intifada, fiquei transtornado com as políticas oficiais palestinas nos Estados Unidos, divulguei amplamente minhas opiniões nos fóruns árabes. Nunca abandonei a luta nem obviamente me liguei ao lado israelense ou americano, recusando-me a colaborar com os poderes que ainda vejo como os principais responsáveis pelo sofrimento do nosso povo. Igualmente, nunca endossei as políticas de países árabes, tampouco aceitei seus convites oficiais.

Sinto-me totalmente preparado para admitir que essas posições, talvez contestatárias demais, são extensões da condição, impossível na essência e geralmente desfavorável, de ser palestino: não temos soberania territorial, temos apenas diminutas vitórias e um lugar muito restrito para celebrá-las. Talvez essa seja também a razão da minha falta de vontade de ir tão longe quanto foram muitos outros ao se comprometerem por inteiro com uma causa ou partido, indo até o fim em termos de convicção e engajamento. Simplesmente não tenho sido capaz de fazê-lo, preferindo a dupla autonomia do outsider e do cético à qualidade vagamente religiosa revelada pelo entusiasmo dos convertidos ou dos verdadeiros crentes. Descobri que esse sentido de distanciamento crítico me foi útil (ainda não sei o quanto) depois que o acordo entre Israel e a OLP foi anunciado, em agosto de 1993. Pareceu-me que a euforia induzida pelos meios de comunicação, sem falar das declarações oficiais de felicidade e satisfação, mascarou uma dura realidade: a de que a liderança da OLP tinha simplesmente se rendido a Israel. Dizer tais coisas na época significava agrupar-se numa pequena minoria, mas eu senti que, por razões intelectuais e morais, isso tinha de ser feito. No entanto, as experiências iranianas a que me referi se prestam a uma comparação direta com outros episódios de conversão e retratação públicas que marcam a experiência intelectual no século XX; e são esses episódios, tanto no Ocidente quanto no Oriente Médio, mundos que conheço melhor, que eu gostaria de considerar aqui.

De início, não quero cometer equívocos ou me permitir demasiada ambigüidade: sou contra a conversão e a crença em qualquer tipo de deus político. Considero esses dois comportamentos impróprios para o intelectual. Isso não significa que o intelectual deva permanecer à beira d'água, molhando ocasionalmente os pés, afastado na maior parte do tempo. Tudo o que escrevi nestas conferências salienta a importância, para o intelectual, do empenho fervoroso, do risco, da exposição, de um compromisso com princípios, da vulnerabilidade no debate e no envolvimento em causas mundiais. Por exemplo, a diferença que delineei entre o intelectual profissional e o amador reside precisamente no fato de que o primeiro alega distanciamento com base na profissão e aparenta ser objetivo, enquanto o segundo não é movido nem por recompensas nem pela realização de um plano de carreira imediato, mas por um compromisso empenhado com idéias e valores na esfera pública. Com o tempo, o intelectual naturalmente se volta para o mundo político, em parte porque, ao contrário da academia ou do laboratório, esse mundo é animado por considerações de poder e interesse que conduzem toda uma sociedade ou nação; como Marx disse de modo tão decisivo, tais considerações levam o intelectual de questões de interpretação relativamente discretas a outras muito mais significativas de mudança e transformação sociais.

Todo intelectual cujo ofício seja articular e representar visões, idéias e ideologias específicas logicamente aspira fazer com que elas funcionem numa sociedade. Não se pode e *não se deve* acreditar no intelectual que afirma escrever apenas para si mesmo ou em benefício do puro aprendizado ou da ciência abstrata. Como disse certa vez Jean Genet, um dos grandes escritores do século XX: no momento em que alguém publica ensaios numa sociedade, significa que ingressou na vida política; portanto, quem não quiser ser político não deve escrever ensaios nem falar publicamente.

A questão central no fenômeno da conversão reside na adesão não apenas no que diz respeito ao alinhamento, mas também à forma do trabalho e da colaboração, embora se possa detestar esta última palavra. Poucos foram os exemplos desse tipo, no Ocidente em geral e nos Estados Unidos em particular, que conseguiram ser mais desacreditados e desagradáveis do que o ocorrido na Guerra Fria, quando legiões de intelectuais se juntaram ao que foi considerado a batalha pelos corações e mentes das pessoas em todo o mundo. Um livro muito famoso publicado por Richard Crossman em 1949, que sintetiza o aspecto estranhamente maniqueísta da Guerra Fria intelectual, intitula-se *The god that failed* [O deus que falhou]; a frase e seu cunho explicitamente religioso sobreviveram para muito além de qualquer memória do conteúdo do livro, mas este merece aqui um breve resumo.

Concebido como um testemunho da credulidade de proeminentes intelectuais ocidentais — Ignazio Silone, André Gide, Arthur Koestler e Stephen Spender, entre outros —, o livro deu voz a cada um deles para contar suas experiências de uma viagem a Moscou, o inevitável desencanto que se seguiu e o posterior reencontro de uma fé não comunista. Crossman conclui sua introdução ao volume dizendo em termos enfaticamente teológicos: "O Diabo uma vez viveu no Céu, e aqueles que não o encontraram provavelmente não reconhecerão um anjo quando virem um".[1] Isso, é claro, não é apenas política, mas uma peça moral também. A batalha pelo intelecto foi transformada numa batalha pela alma, com implicações que têm sido muito nocivas para a vida intelectual. Isso aconteceu certamente na União Soviética e seus satélites, onde os julgamentos simulados, os expurgos em massa e um gigantesco sistema penitenciário exemplificaram os horrores das provações no outro lado da Cortina de Ferro.

No Ocidente, muitos dos antigos camaradas foram várias vezes obrigados a fazer uma penitência pública, o que era bastante inconveniente quando envolvia celebridades como as reunidas em *The god that failed* e bem pior quando, particularmente no caso clamoroso dos Estados Unidos, induzia à histeria coletiva; e, para alguém como eu, que ainda menino veio do Oriente Médio para os Estados Unidos nos anos 1950, quando o macarthismo estava no auge, isso moldou uma intelectualidade cabeça-dura, mistificadoramente ensimesmada, até hoje obcecada por uma ameaça interna e externa alucinadamente exagerada. Delineou-se, então, uma crise auto-induzida e desalentadora, que significou o triunfo do maniqueísmo impensado sobre a análise racional e a autocrítica.

Carreiras inteiras foram construídas, não por conta do talento intelectual, e sim baseadas em provas dos males do comunismo, ou no arrependimento, ou na denúncia de amigos ou colegas, ou na colaboração, uma vez mais, com os inimigos de antigos amigos. Sistemas inteiros de discurso originaram-se do anticomunismo, desde o suposto pragmatismo dos adeptos da escola do fim da ideologia até sua herdeira de vida breve, surgida nos últimos anos: a escola do fim da História. Longe de ser uma defesa passiva da liberdade, o anticomunismo organizado nos Estados Unidos levou, de modo agressivo, ao apoio dissimulado por parte da CIA a grupos que, sob certos aspectos, nada tinham de excepcionais, como o Congresso de Liberdade Cultural — que estava envolvido não apenas na distribuição mundial do livro *The god that failed,* mas também no subsídio a revistas como *Encounter* — e ainda na infiltração em sindicatos de trabalhadores, organizações estudantis, igrejas e universidades.

É óbvio que muitas das coisas bem-sucedidas, feitas em nome do anticomunismo, têm sido relatadas por seus defensores como um movimento. No entanto, há outros aspectos menos admiráveis. Primeiro, a deterioração do debate intelectual aberto e da discussão cultural vigorosa por meio de um sistema de pregação evangélico e, no fim das contas, irracional, do tipo "faça desse jeito e não daquele" — o progenitor do "politicamente correto" de hoje — e, em segundo lugar, certas formas de automutilação em público que continuam até nossos dias. Esses dois procedimentos têm andado lado a lado com o hábito desprezível, adotado por certos indivíduos, de obter recompensas e privilégios de um grupo, apenas para depois mudar de lado e ganhar recompensas de um novo patrocinador.

Por enquanto, gostaria de sublinhar a estética particularmente desagradável da conversão político-ideológica e da retratação. O modo como, para o indivíduo envolvido, a manifestação pública de anuência e a subseqüente apostasia produzem uma espécie de narcisismo e de exibicionismo no intelectual que perdeu o contato com as pessoas e com os processos que, supostamente, apóia. Já afirmei várias vezes nestas conferências que, idealmente, o intelectual representa a emancipação e o esclarecimento, mas nunca como abstrações ou como deuses insensíveis e distantes a serem servidos. As representações do intelectual — o que ele representa e como essas idéias são apresentadas para uma audiência — estão sempre enlaçadas e devem permanecer como parte orgânica de uma experiência contínua da sociedade: a dos pobres, dos desfavorecidos, dos sem-voz, dos não representados, dos sem-poder. Estes são igualmente concretos e permanentes; não podem sobreviver se forem transfigurados e depois congelados em credos, declarações religiosas ou métodos profissionais.

Tais transfigurações rompem a relação viva entre o intelectual e o movimento ou processo do qual ele, homem ou mulher, é uma parte. Além disso, há o perigo terrível de o intelectual pensar apenas em si mesmo, nos seus pontos de vista, na sua retidão e nas suas posições como sendo imperativos. Ler o testemunho inteiro de *The god that failed* é para mim uma coisa deprimente. Convém fazer a seguinte pergunta: por que, afinal de contas, um intelectual, sendo o que é, acreditou num deus? E, além disso, quem deu a ele o direito de pensar que sua crença inicial e seu desencanto posterior eram tão importantes? A crença religiosa, em si mesma, é para mim tão compreensível como profundamente pessoal. Quando um sistema de todo dogmático, em que um lado é inocentemente bom e o outro irredutivelmente mau, é substituído pelo processo, pelo dinamismo do intercâmbio vital, o intelectual secular sente a indesejável e inapropriada invasão de um domínio sobre outro. A política torna-se um entusiasmo religioso — como aconteceu recentemente na antiga Iugoslávia —, resultando em limpeza étnica, massacres em massa e conflitos intermináveis, horríveis de contemplar.

A ironia é que, com muita freqüência, os ex-convertidos e os novos crentes são igualmente intolerantes, igualmente dogmáticos e violentos. Nos últimos anos, infelizmente, a guinada da extrema esquerda para a extrema direita resultou numa indústria tediosa que aparenta independência e esclarecimento; mas, sobretudo nos Estados Unidos, só espelhou a ascensão do reaganismo e do thatcherismo. O ramo americano dessa marca especial de autopromoção deu a si mesmo o nome de Second Thoughts, dando a entender que os primeiros pensamentos durante a agitada década de 1960 eram tão radicais quanto errados. Numa questão de meses, durante o final dos anos 1980, o Second Thoughts pretendeu tornar-se um movimento, financiado por rios de dinheiro doados pelo mecenato de direita, como as fundações Bradley e Olin. Os empresários em questão eram David Horowitz e Peter Collier, de cujas canetas fluiu uma torrente de livros, muito parecidos uns com os outros, na sua maioria revelações de antigos radicais que tinham visto a luz de um novo saber e se tornaram, nas palavras de um deles, vigorosamente pró-americanos e anticomunistas.[2]

Se os radicais da década de 1960, com suas polêmicas anti-Vietnã e "antiamerikana" (americano era sempre escrito com "k"), eram assertivos e dramáticos nas suas crenças, os adeptos do Second Thoughts eram igualmente ruidosos e assertivos. O único problema é que agora não havia, é claro, um mundo comunista, nenhum império do mal, embora parecesse não haver limites para o auto-expurgo e para a recitação devota de fórmulas penitentes sobre o passado. No entanto, no fundo, foi a passagem de um deus para um novo deus que estava sendo realmente celebrada. O que outrora tinha sido um movimento baseado, em parte, num idealismo entusiasmado e numa insatisfação com o status quo foi simplificado e remodelado retrospectivamente pelos adeptos do Second Thoughts, tornando-se algo mais do que aquilo que eles chamaram de desonra diante dos inimigos dos Estados Unidos e uma cegueira criminosa em face da brutalidade comunista.[3]

No mundo árabe, o corajoso nacionalismo pan-arabista do período de Nasser, embora às vezes idealista e destrutivo, declinou nos anos 1970 e foi substituído por um conjunto de crenças locais e regionais, na sua maioria administradas rispidamente por regimes minoritários impopulares e pouco inspirados. Eles são agora ameaçados por toda uma série de movimentos islâmicos. No entanto, continua a existir em cada país árabe uma oposição cultural secular; os mais talentosos escritores, artistas, comentadores políticos e intelectuais em geral fazem parte dessa oposição, embora constituam uma minoria; muitos têm sido acossados e submetidos ao silêncio ou ao exílio.

Um fenômeno mais nefasto é o poder e a riqueza dos países ricos em petróleo. Muito da atenção sensacionalista dos meios de comunicação ocidentais dada ao partido Baath da Síria e do Iraque tendeu a fechar os olhos à pressão silenciosa e insidiosa para o conformismo, exercida por governos que têm muito dinheiro para gastar com pródigos patrocínios oferecidos a acadêmicos, escritores e artistas. Essa pressão ficou particularmente em evidência durante a crise e a Guerra do Golfo. Antes da crise, o arabismo tinha sido sustentado e defendido de forma acrítica por intelectuais progressistas que acreditavam estar promovendo a causa do nasserismo, o impulso antiimperialista e independentista da Conferência de Bandung e o movimento dos países não alinhados. Logo após a ocupação do Kuwait pelo Iraque, houve um realinhamento dramático de intelectuais. Departamentos inteiros da indústria editorial egípcia, junto com muitos jornalistas, deram meia-volta, volver. Antigos nacionalistas árabes começaram de repente a cantar loas à Arábia Saudita e ao Kuwait, inimigos odiados no passado, agora novos amigos e protetores. Provavelmente foram oferecidas recompensas lucrativas a fim de que a reviravolta acontecesse, mas os adeptos árabes do Second Thoughts também descobriram de repente seus sentimentos apaixonados pelo islã, além das virtudes singulares de uma ou outra dinastia reinante no Golfo. Apenas um ou dois anos antes, muitas delas, incluindo os regimes do Golfo que subsidiaram Saddam Hussein, patrocinaram peãs e festivais de louvação ao Iraque quando este lutava contra o antigo inimigo do arabismo, "os persas". A linguagem daqueles dias era acrítica, bombástica, emotiva e exalava veneração de heróis e efusões quase religiosas. Quando a Arábia Saudita convidou George Bush e seu Exército a entrar no país, essas vozes se converteram. Dessa vez, incorporaram uma rejeição formal e muito reiterada do nacionalismo árabe (que transformaram num verdadeiro pastiche), alimentada por um apoio nada crítico aos governantes de então.

Para os intelectuais árabes, os problemas ficaram ainda mais complicados com a nova proeminência dos Estados Unidos, a maior potência estrangeira hoje no Oriente Médio. O que antes tinha sido um antiamericanismo automático e impensado — dogmático, cheio de clichês, ridiculamente simplista — transformou-se num pró-americanismo por decreto. Em muitos jornais e revistas do mundo árabe, mas especialmente os notórios por receberem subsídios do Golfo, a crítica aos Estados Unidos diminuiu de forma drástica e, às vezes, foi até eliminada; isso foi acompanhado pelas proibições habituais de críticas a um ou outro regime praticamente endeusado.

Uns poucos intelectuais árabes descobriram de repente um novo papel para si mesmos na Europa e nos Estados Unidos. Tinham sido militantes marxistas, freqüentemente trotskistas e defensores do movimento palestino. Depois da revolução iraniana, alguns se tornaram islâmicos. Quando os deuses fugiram ou foram afastados, esses intelectuais se calaram, apesar de algumas sondagens calculadas, aqui e ali, em busca de novos deuses a quem servir. Um deles, em particular, homem que tinha sido um trotskista fiel, mais tarde abandonou a esquerda e se mudou, como muitos outros, para o Golfo, onde passou a levar uma vida abastada trabalhando no ramo da construção civil. Ele se reapresentou um pouco antes da crise do Golfo e se tornou um crítico fervoroso de um certo governo árabe. Nunca publicou nada usando seu próprio nome, e sim uma série de pseudônimos que protegiam sua identidade (e seus interesses); escarneceu de forma indiscriminada e histérica a cultura árabe como um todo, com o objetivo de atrair a atenção dos leitores ocidentais.

Todo mundo sabe que é extremamente difícil tentar fazer alguma crítica à política dos Estados Unidos ou de Israel nos grandes meios de comunicação ocidentais; inversamente, dizer coisas hostis aos árabes como povo e como cultura, ou ao islã como religião, é risivelmente fácil. De fato, há uma guerra cultural entre os porta-vozes do Ocidente e os do mundo árabe e muçulmano. Numa situação tão inflamada, a coisa mais difícil de se fazer enquanto intelectual é ser crítico, recusar-se a adotar um estilo retórico que seja o equivalente verbal dos bombardeios intensivos e, em vez disso, concentrar-se em questões como o apoio dos Estados Unidos a regimes-clientes impopulares, questões que, para alguém que escreve nos Estados Unidos, vão ser provalvelmente mais afetadas pela discussão crítica.

Por outro lado, é evidente que há uma quase-certeza de conquistar uma audiência se, como intelectual árabe, você apoiar com entusiasmo e mesmo com subserviência a política dos Estados Unidos, atacando seus críticos e, caso estes sejam árabes, inventando evidências para mostrar sua vilania; se forem críticos americanos, fabricam-se histórias e situações que provem sua má-fé;

desfiam-se histórias sobre árabes e muçulmanos cujo efeito é difamar sua tradição, deformar sua história, acentuando suas fraquezas, que são muitas, claro. Acima de tudo, atacam-se os inimigos oficialmente aprovados — Saddam Hussein, o baathismo, o nacionalismo árabe, o movimento palestino, as visões críticas dos árabes sobre Israel. E, claro, isso traz as recompensas esperadas: você é considerado corajoso, sincero, entusiasta, e assim por diante. O novo deus é, evidentemente, o Ocidente. Para esse tipo de intectual, os árabes deveriam tentar assemelhar-se mais com o Ocidente, deveriam considerá-lo uma fonte e um ponto de referência. A história do que o Ocidente realmente fez ficou para trás, esquecida. E esquecidos estão os resultados destrutivos da Guerra do Golfo. Nós, os árabes e muçulmanos, somos os perturbados, os problemas são nossos, totalmente auto-infligidos.[4]

Várias coisas sobressaem nesse tipo de representação. Em primeiro lugar, aqui não há nenhum universalismo. Porque, quando se serve a um deus sem qualquer visão crítica, todos os demônios vão estar sempre do outro lado: isso era verdade quando se era trotskista como também é agora, quando se é um ex-trotskista que se retratou. O problema é não pensar a política em termos de inter-relações ou de histórias comuns como, por exemplo, a longa e complexa dinâmica que ligou os árabes e muçulmanos ao Ocidente, e vice-versa. A análise verdadeiramente intelectual proíbe chamar um dos lados de inocente, e o outro, de perverso. De fato, quando se trata de culturas, a noção de um dos lados é altamente problemática, pois a maioria das culturas não se constitui de pequenos pacotes impermeáveis, todos homogêneos, e todos ou bons ou maus. Mas, se nossos olhos estão fixados nos nossos protetores, não podemos pensar como intelectuais, mas apenas como discípulos ou acólitos. No fundo do nosso inconsciente há o pensamento de que se deve agradar, e não desagradar.

Em segundo lugar, o histórico da própria formação do intelectual, relacionado aos mestres do passado, é por certo menosprezado ou demonizado, mas não nos provoca nenhum tipo de autoquestionamento, não estimula nenhum desejo de questionar a premissa de servir com fervor a um deus, para depois dar uma guinada impulsiva e fazer a mesma coisa para um novo deus. Longe disso: como fazíamos no passado, oscilando de um deus para outro, continuamos a fazer o mesmo no presente, com um pouco mais de cinismo, é verdade, mas no fim com o mesmo efeito.

O verdadeiro intelectual é, por contraste, um ser secular. Apesar de muitos intelectuais desejarem que suas representações expressem coisas superiores ou valores absolutos, a conduta ética e os princípios morais começam com sua atividade no nosso mundo secular — onde tais princípios e conduta se realizam, a quais interesses servem, como se harmonizam com uma ética consistente e universal, como operam a discriminação entre poder e justiça, o que revelam das escolhas e prioridades de cada um. Aqueles deuses que sempre falham acabam exigindo do intelectual uma espécie de certeza absoluta e uma visão total e sem costura da realidade, visão e certeza que reconhecem apenas discípulos ou inimigos.

O que me chama a atenção, como algo muito mais interessante, é como manter na mente um espaço aberto para a dúvida e para uma ironia cética e alerta (e, de preferência, para a auto-ironia também). Sim, temos convicções e emitimos juízos de valor, mas estes são alcançados pelo trabalho e por um senso de associação com outros: outros intelectuais, um movimento de base, um processo histórico contínuo, um conjunto de vidas vividas. Quanto a abstrações ou ortodoxias, o problema é que elas são patrocinadoras ou protetoras que precisam ser apaziguadas e afagadas o tempo todo. Os princípios e a envergadura moral de um intelectual não deveriam constituir uma espécie de caixa de câmbio lacrada, que impele o pensamento e a ação numa direção e é movida por uma máquina com apenas uma fonte de combustível. O intelectual tem de circular, tem de encontrar espaço para enfrentar e retrucar a autoridade e o poder, pois a subserviência inquestionável à autoridade no mundo de hoje é uma das maiores ameaças a uma vida intelectual ativa, baseada em princípios de justiça e eqüidade.

É difícil para um intelectual enfrentar essa ameaça sozinho e por conta própria, e mais difícil ainda encontrar um modo consistente, coerente com suas crenças, e ao mesmo tempo permanecer livre o bastante para evoluir, abraçar novas idéias, mudar a cabeça, descobrir coisas novas ou redescobrir o que foi posto de lado no passado. O aspecto mais complicado de ser um intelectual é representar o que se professa por meio do trabalho e de intervenções, sem se enrijecer numa instituição ou tornar-se uma espécie de autômato agindo a mando de um sistema ou método. Qualquer um que tenha sentido a satisfação de ser bem-sucedido nisso e ao mesmo tempo conseguir manter-se alerta e firme poderá avaliar como essa convergência é rara. Mas a única forma de alcançar essa convergência é lembrar-se constantemente de que, enquanto intelectual, você tem escolha: representar a verdade de forma ativa e da melhor maneira possível, ou então se permitir, passivamente, ser dirigido por uma autoridade ou um poder. Para o intelectual secular, *esses* deuses sempre falham.

Notas

INTRODUÇÃO [PP. 9-18]

1. Raymond Williams, *Keywords: a vocabulary of culture and society*, 1976, reimp. Nova York: Oxford University Press, 1985, p. 170.
2. John Carey, *The intellectuals and the masses: pride and prejudice among the literary intelligentsia 1880-1939*, Nova York, St Martin's Press, 1993.
3. Ernest Gellner, "La trahison de la trahison des clercs", in *The political responsability of intellectuals`*, org. Ian Maclean, Alan Montefiore e Peter Winch, Cambridge, Cambridge University Press, 1990, p. 27.
4. Paul Johnson, *Intellectuals*, Londres, Weidenfeld and Nicholson, 1988, p. 342.
5. Peter Dailey, *"Jimmy"*, *The American scholar*, inverno 1994, pp. 102-10.

1. REPRESENTAÇÕES DO INTELECTUAL [PP. 19-36]

1. Antonio Gramsci, *The prison notebooks: selections*, trad. Quintin Hoare e Geoffrey Nowell-Smith, Nova York, International Publishers, 1971, p. 9. Edição brasileira: *Cadernos do cárcere*, vol. 2, Os intelectuais. O princípio educativo. Jornalismo, Rio de Janeiro, Civilização Brasileira, 2001.
2. Idem, p. 4.

3. Julien Benda, *The treason of the intellectuals*, trad. Richard Aldington, 1928; reimpr. Nova York, Norton, 1969, p. 43.

4. Idem, p. 52.

5. Em 1762, um comerciante protestante, Jean Calas de Toulouse, foi julgado e depois executado pelo suposto assassinato de seu filho, prestes a se converter ao catolicismo. A prova era inconsistente; no entanto, o que gerou o rápido veredicto foi a crença generalizada de que os protestantes eram fanáticos que simplesmente eliminavam qualquer outro protestante que quisesse se converter. Voltaire conduziu com sucesso uma campanha pública para reabilitar a reputação da família Calas (embora hoje se saiba que ele também fabricou sua própria prova). Maurice Barrès era um adversário proeminente de Alfred Dreyfus. Romancista francês protofascista e antiintelectual do fim do século XIX e começo do XX, defendeu a noção de inconsciente político, em que todas as raças e nações carregam coletivamente idéias e tendências.

6. *La trahison des clercs* foi republicado por Bernard Grasset em 1946.

7. Alvin W. Gouldner, *The future of intellectuals and the rise of the new class*, Nova York, Seabury Press, 1979, pp. 28-43.

8. Michel Foucault, *Power/knowledge: selected interviews and other writings 1972-1977*, New York, Pantheon, 1980, pp. 127-8.

9. Isaiah Berlin, *Russian thinkers*, ed. Henry Hardy e Aileen Kelly, Nova York: Viking Press, 1978, p. 129.

10. Seamus Deane, *Celtic revivals: essays in modern Irish literature 1880-1980*, Londres, Faber & Faber, 1985, pp. 75-6.

11. C. Wright Mills, *Power, politics, and people: The collected essays of C. Wright Mills*, ed. Irving Louis Horowitz, Nova York, Ballantine, 1963, p. 299.

2. MANTER NAÇÕES E TRADIÇÕES À DISTÂNCIA [PP. 37-54]

1. George Orwell, *A collection of essays*. Nova York, Doubleday Anchor, 1954, p. 177.

2. Discuti essa questão nos livros *Orientalismo* (Londres, Penguin, 1991; São Paulo, Companhia das Letras, 1990) e *Covering Islam* (Nova York, Pantheon, 1981) e, mais recentemente, no artigo "The phoney Islamic threat" (*New York Times Sunday Magazine*, 21/11/1993).

3. Walter Benjamin, *Illuminations*, org. Hannah Arendt, trad. Harry Zohn, Nova York, Schocken Books, 1969, pp. 256-5.

4. Edward Shils, "The intellectuals and the powers: some perspectives for comparative analysis", *Comparative studies in society and history*, vol. 1 (1958-59), pp. 5-22.

5. Essa questão é abordada de forma persuasiva em Kirkpatrick Sale, *The conquest of paradise: Christopher Columbus and the Columbian legacy*, Nova York, Knopf, 1992.

6. O movimento estudantil de 4 de maio de 1919 foi uma resposta imediata à Conferência de Paz de Paris (que deu origem ao Tratado de Versailles, do mesmo ano), que sancionou a presença japonesa em Shantung. Esse primeiro protesto estudantil na China, no qual 3 mil estudantes se concentraram na praça de Tianamen, marcou o início de outros movimentos similares, organizados nacionalmente no século XX. A detenção de 32 estudantes conduziu a uma nova mobilização, exigindo não só sua libertação como também uma ação firme do governo em torno da questão de Shantung. A tentativa do governo de reprimir o movimento fracassou, ao mesmo tempo que este conquistava o apoio da emergente classe empresarial chinesa, ameaçada pela concorrência japonesa. Ver John Israel, *Student nationalism in China, 1927-1937*, Stanford, Stanford University Press, 1966.

7. Aimé Césaire, *The collected poetry*, trad. Clayton Eshelman e Annette Smith, Berkeley, University of California Press, 1983, p. 72.

8. Ver Carol Gluck, *Japan's modern myths: ideology in the late Meiji period*, Princeton, Princeton University Press, 1985.

9. John Dewer, *War without mercy: race and power in the Pacific War*, Nova York, Pantheon, 1986.

10. Masao Miyoshi, *Off center: power and culture relations between Japan and the United States*, Cambridge, Mass., Harvard University Press, 1991, pp. 125, 108. Maruyama Masao é um escritor japonês do pós-guerra e um dos principais críticos da história imperial japonesa e do sistema do imperador; Miyoshi o considera receptivo demais em relação à predominância estética e intelectual do Ocidente.

3. EXÍLIO INTELECTUAL: EXPATRIADOS E MARGINAIS [PP. 55-70]

1. Theodor Adorno, *Minima moralia: reflections from damaged life*, trad. E. F. N. Jephcott, Londres, New Left Books, 1951, pp. 38-9. Edição brasileira: *Minima moralia – Reflexões a partir da vida danificada*, São Paulo, Ática, 1993.

2. Idem, p. 87.

3. C. L. R. James, *Os jacobinos negros – Toussaint L'Ouverture e a revolução de São Domingos*, São Paulo, Boitempo Editorial, 2000.

4. PROFISSIONAIS E AMADORES [PP. 71-87]

1. Régis Debray, *Teachers, writers, celebrities: the intellectuals of modern France*, trad. David Macey, Londres, New Left Books, 1981.
2. Idem, p.71.
3. Ibidem, p. 81.
4. Russell Jacoby, *The last intellectuals: American culture in the age of academe*, Nova York, Basic Books, 1987.
5. Idem, pp. 219-20.
6. Jean-Paul Sartre, *What is literature? and other essays*, Cambridge, Mass., Harvard University Press, 1988, pp. 77-8.

5. FALAR A VERDADE AO PODER [PP. 89-104]

1. Peter Novick, *That noble dream: the "objectivity question" and the American historical profession*, Cambridge, Cambridge University Press, 1988, p. 628.
2. Discuti detalhadamente o contexto imperial desse tema no livro *Culture and imperialism*, Nova York, Alfred A. Knopf, 1993, pp. 169-90. Edição brasileira: *Cultura e imperialismo*, São Paulo, Companhia das Letras, 1995.
3. Sobre essa atuação dúbia do intelectual, ver Noam Chomsky, *Necessary illusions: thought control in democratic societies*, Boston, South End Press, 1989.
4. Uma versão mais completa desse argumento pode ser encontrada no meu ensaio "Nationalism, human rights, and interpretation", in *Freedom and interpretation: the Oxford amnesty lectures*, 1992, org. Barbara Johnson, Nova York, Basic Books, 1993, pp. 175-205.
5. Noam Chomsky, *Language and mind*, Nova York, Harcourt Brace Jovanovich, 1972, pp. 90-9.
6. Ver meu artigo "The morning after", *London Review of Books*, 21/10/1993, volume 15, n° 20, 3-5.

6. DEUSES QUE SEMPRE FALHAM [PP. 105-21]

1. Richard Crossman (org.), *The god that failed*, Washington, D. C., Regnery Gateway, 1987, p. vii.
2. Há um texto inteligente e envolvente de uma conferência sobre o Second Thoughts proferida por Christopher Hitchens: "For the sake of arguments: essays and minority reports", Londres, *Verso*, 1993, pp. 111-4.

3. Sobre as diferentes formas de auto-rejeição, um texto valioso é "Disenchantment or apostasy? A lay sermon", in *Power and consciouness*, de E. P. Thompson, organizado por Conor Cruise O'Brien, Nova York, New York University Press, 1969, pp. 149-82.

4. Uma obra que caracteriza algumas dessas posições é a de Daryush Shayegan, *Cultural schizophrenia: Islamic societies confronting the West*, trad. John Howe, Londres, Saqi Books, 1992.

1ª EDIÇÃO [2005] 1 reimpressão

ESTA OBRA FOI COMPOSTA EM MINION PELA SPRESS E IMPRESSA PELA
PROL EDITORA GRÁFICA EM OFSETE SOBRE PAPEL PÓLEN BOLD DA SUZANO
PAPEL E CELULOSE PARA A EDITORA SCHWARCZ EM FEVEREIRO DE 2017

A marca FSC® é a garantia de que a madeira utilizada na fabricação do papel deste livro provém de florestas que foram gerenciadas de maneira ambientalmente correta, socialmente justa e economicamente viável, além de outras fontes de origem controlada.